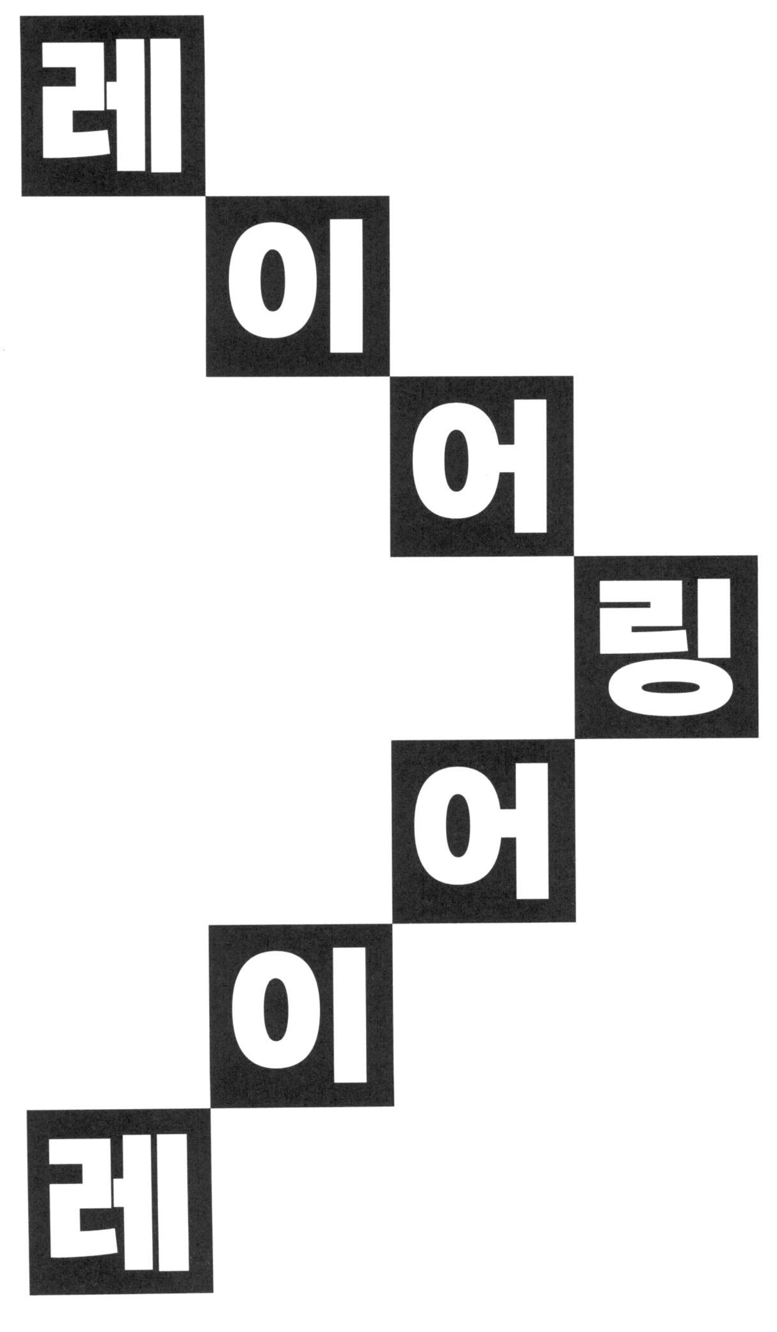
레
이
어
링
어
이
레

고객의 기억을
지배하는
브랜드 이미지
설계법

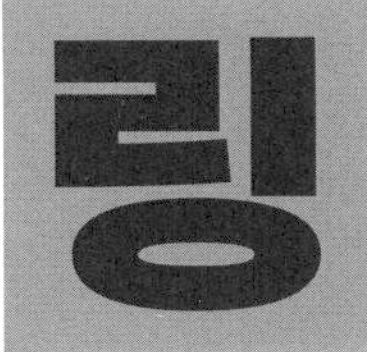

링

어

이

레

이

어

브만남(김주황) 지음

링

위즈덤하우스

고객의 기억을 지배하는
브랜드 이미지 설계법, 레이어링

이 책은 한 줄의 문장에서 시작되었습니다.

"브랜드는 만드는 것이 아니라 쌓아가는 것이다."

저는 크고 작은 브랜드의 탄생을 돕고, 온라인과 오프라인에서 어떤 경험을 주어야 하는지 기획하고 디자인하고 구축하는 일을 하고 있습니다. 디자이너로 취업한 때부터 따지면 어느덧 15년이 넘었습니다. 브랜드라는 것을 어떻게 생각해야 하는지, 어떻게 받아들여야 하는지에 대해 저만의 답을 찾기까지는 꽤 오랜 시간이 걸렸죠.

처음에 저는 브랜드가 그저 멋있어 보였습니다. '브랜드가 된다'는 것이 너무나 의미 있고 대단해

보였죠. 하지만 시간이 지나 여러 브랜드를 만들고, 또 다른 브랜드들을 공부하면서 조금씩 알게 된 것들은 처음과 달랐습니다.

지금 우리가 멋있다고 느끼는 그 아우라 뒤에는, 정말 많은 사람의 노력과 고생, 그리고 오랜 시간이 켜켜이 쌓여 있다는 사실을 깨닫게 된 것입니다.

그래서 저는 단순히 외모를 예쁘게 만드는 디자인을 넘어서, 브랜드의 본질에 대해 고민하고 그 뿌리부터 단단히 잡을 수 있는 브랜딩을 해야겠다고 마음먹었습니다.

그렇게 '브랜딩'이라는 일에 집중하며 공부하고 생각한 것들을 SNS에 기록하기 시작했습니다. 그 기록들이 쌓이고 쌓여 수만 명의 팔로워가 생겼고, 그 덕분에 이렇게 책을 쓸 수 있는 기회까지 얻게 되었죠.

저라는 개인조차도, 가장 중요한 가치를 뿌리에 두고 일관된 맥락으로 꾸준히 쌓아오니 누군가에게는 '브랜딩 하면 떠오르는 사람', '브만남(브랜드 만드는 남자)'이라는 하나의 브랜드가 되었습니다.

책 읽는 인구가 줄었다고 하지만, 여전히 많은 책이 출간되고 있습니다. 그중에서도 '브랜딩'이라는 주제를 다루는 책은 정말 많습니다. 그럼에도 불구하고 내가 이 책을 내야 하는 이유는 무엇일까? 저는 이 질문을 스스로에게 여러 번 던져보았습니다.

이제는 브랜드를 만드는 일을 'AI'가 뚝딱 해줄 수 있는 시대입니다. 어떤 카테고리의 어떤 제품을 만들겠다고 말하면 이름을 제안해주고, 디자인을 요청하면 몇 분 만에 꽤 그럴듯한 브랜드가 만들어지는 시대죠.

하지만 AI가 할 수 없는 부분이 있습니다. 바로 '의도를 만드는 일'입니다. 즉, 방향을 잡는 일입니다. 내가 만들고자 하는 브랜드가 어떤 가치를 중심에 두고, 어디를 향해 갈 것인지는 오로지 사람만이 정할 수 있습니다.

그리고 또 하나, '만드는 것'은 시작에 불과하다는 점입니다. 진짜 힘은, 꾸준히 같은 맥락을 유지하며 쌓아가는 데에서 나옵니다. 그리고 역설적이게도 AI는 바로 그런 '맥락'을 바탕으로 특정 콘텐츠를 분석하고, 그 결과를 제안합니다.

그래서 저는 하나의 콘셉트를 바탕으로, 일관된 맥락을 유지하며 꾸준하게 쌓아가는 과정을 '레이어링'이라고 이름 붙였습니다. 그리고 "Branding is Layering"이라고 말합니다.

이 책은 바로 그 '레이어링'에 관한 이야기입니다. 왜 지금 이 개념이 중요한지, 왜 이 관점을 이해해야 하는지에 대해 나누고자 합니다. 물론 AI 이전에도 레이어링은 중요했습니다. 하지만 저는 지금이, 이

'레이어링'이라는 개념이 더욱 중요해진 시대라고
생각합니다.

제가 브랜드를 경험하고 공부해온 시간이 아주
길다고 말할 수는 없습니다. 아마 앞으로도 저의
생각은 계속 바뀌고, 더 깊어지고, 더 단단해지겠지요.
그래도 지금의 생각과 경험을 글과 책으로 남겨두는
일, 이것 역시 저에게는 제 경험을 계속 '레이어링'
해나가는 과정이라고 믿습니다.

그리고 그 과정이, 누군가 단 한 사람에게라도
도움이 되고 영감을 줄 수 있기를 바라며 이 책을
쓰기로 결심했습니다.

자, 그럼 이제 당신의 브랜드를 함께 '레이어링'하러
가보시죠.

차 례

1부

브랜드 승자의 조건, 레이어링

1부는 '브랜드는 만드는 것이
아니라 쌓아가는 것'이라는
이 책의 핵심 메시지,
'레이어링'의 개념과 필요성을
전합니다. 브랜드가 한 번의
이벤트가 아니라 일관된 경험의
레이어로서 차곡차곡 쌓일 때
비로소 고객에게 선택받는
이유를 알아봅시다.

브랜드, 만드는 것이 아니라 쌓아가는 것

"세상에 없는 정말 특별한 브랜드를 만들고 싶다!"

나만의 브랜드를 만들어보겠다는 상상을 하다 보면 이런 생각을 하게 됩니다. 그리고 그 생각은 '브랜드'라는 것의 힘과 영향력을 필요 이상으로 과하게 여기게 만들죠. 어떤 브랜드는 출시하자마자 사람들의 입에 오르내리며 사랑을 받고, 어떤 브랜드는 출시했는지도 모른 채 조용히 사라지게 됩니다. 두 브랜드가 비슷한 기능과 비슷한 디자인을 갖고 있다고 하더라도 그 결과는 달라질 수 있습니다.

어떤 브랜드는 잘되고,
어떤 브랜드는 망하는 이유

왜 이렇게 다른 운명을 맞이하게 되는 걸까요? 브랜드를 만든다는 생각보다는 브랜드를 '쌓아가야 한다'는 생각으로 바꿀 필요가 있습니다. 세상에 없는 특별한 브랜드를 만들어서 세상에 선보이는 것이 목적이 아니기 때문입니다. 제품이나 서비스는 손에 잡히거나 눈에 보이지만, 사실 브랜드는 눈에 보이지 않습니다. 하지만 사람들은 브랜드를 느끼고, 경험합니다. 그리고 기억합니다.

저는 디자이너입니다. 흔히 디자이너의 일은 외모를 아름답게 꾸미는 일로만 여겨집니다. 하지만 디자이너의 본질은 '보이지 않던 것을 보이게 만드는 것'에 있습니다. 저 역시 한때는 예쁘게 만드는 것이 곧 좋은 결과로 이어진다고 믿었습니다. 그러나 '레이어(lllayer)'라는 디자인 회사를 세우고 다양한 브랜드와 협업하면서, 그 믿음에 의문을 품게 되었습니다.

'우리가 옳다고 믿는 디자인을 클라이언트가 이해하지 못할 때, 혹은 모두가 만족했는데도 시장에서 실패할 때, 무엇이 문제였을까?'

그때 깨달았습니다. 우리가 만든 디자인은 결국 '열매'에 불과하다는 것을요. 중요한 것은 '그 열매가 어디에서, 어떤 뿌리로부터 자라났는가?'였습니다.
로고, 패키지, 웹사이트, 앱은 눈에 보이는 표현일 뿐,
그 밑에는 반드시 '브랜드'라는 뿌리가 있었습니다.
브랜드가 세상에 존재해야 하는 이유, 브랜드가
태어난 이유, 브랜드가 말하고자 하는 가치가 바로 이
뿌리에 해당됩니다.

　뿌리가 단단하지 않으면 아무리 탐스러운 열매도
오래가지 못합니다. 브랜딩이란 이 보이지 않는
뿌리를 세상에 드러내는 과정입니다. 그리고 그
뿌리가 고객의 기억 속에서 하나의 이미지로 응축될
때, 브랜드는 비로소 존재감을 갖게 됩니다.

　브랜딩을 단순히 로고나 디자인을 예쁘게 만드는
일로만 바라보면, 브랜드는 쉽게 희미해집니다.
사람들은 이제 '무엇을 만들었는가?'보다 '왜
만들었는가?'를 묻습니다. 같은 기능의 제품이라도
자신의 가치관과 감정, 그리고 라이프스타일에 맞는
브랜드를 선택합니다. 그 과정에서 브랜드와 공유한
경험과 기억이 쌓일수록, 그 가치는 결국 가격으로
증명됩니다. 그래서 더 비싸도 기꺼이 선택하게 되는
것이죠.

고객의 머릿속에 선명하게 기억되는 법

한번 떠올려봅시다.

'내 친구 중 가장 재미있는 친구는 누구였을까?'

'내 친구 중 가장 똑똑한 친구는 누구였을까?'

'내 친구 중 가장 상냥한 친구는 누구였을까?

여기서 중요한 것은 그 친구가 누구인지가 아닙니다. '내가 왜 그 친구를 그렇게 기억하고 있는가?'입니다. 당신의 '가장 재미있는 친구'가 그 사람인 이유는 무엇일까요? 사실 답은 단순합니다. 그 친구가 꾸준히 '재미있는' 모습을 보여주었기 때문입니다. 반복된 경험이 일관된 인상을 만들고, 결국 그 사람이 '재미있는 사람'으로 기억된 것이죠.

브랜드도 마찬가지입니다. 한 번의 자극만으로는 우리가 원하는 인상으로 기억되지 않습니다. 일관된 경험이 반복될 때, 비로소 고객의 머릿속에서 하나의 '이미지'로 응축됩니다. '호랑이는 가죽을 남기고, 사람은 이름을 남긴다'는 옛말이 있죠. 하지만 지금의 시대에는 이렇게 말할 수 있을 것 같습니다.

'호랑이는 가죽을 남기고, 사람은 브랜드를 남긴다.'

우리가 기억하는 브랜드는 단순한 제품이 아니라 '경험의 총합'입니다. 송금이 쉬운 금융 앱, 전기차, 환경을 생각하는 패션 브랜드를 떠올려보세요. 각자 머릿속에 특정 브랜드가 자연스럽게 떠오를 것입니다.

그 이유는, 당신이 그 브랜드와 오랜 시간 일관된
경험을 쌓아왔기 때문입니다.

그래서 저는 이렇게 말합니다.

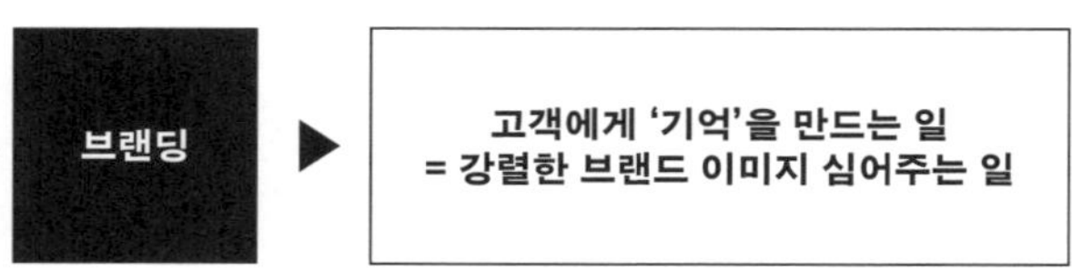

고객의 기억 속에 어떤 이미지를 심느냐에
따라, 그 브랜드는 사랑받을 수도 있고 외면받을
수도 있습니다. 사랑받는 브랜드란 결국 한 번 더
떠오르는 브랜드, 마음속에서 더 높은 가치를 지니는
브랜드입니다. 그리고 그 기억은 결국, '구매의
순간'에 작동합니다.

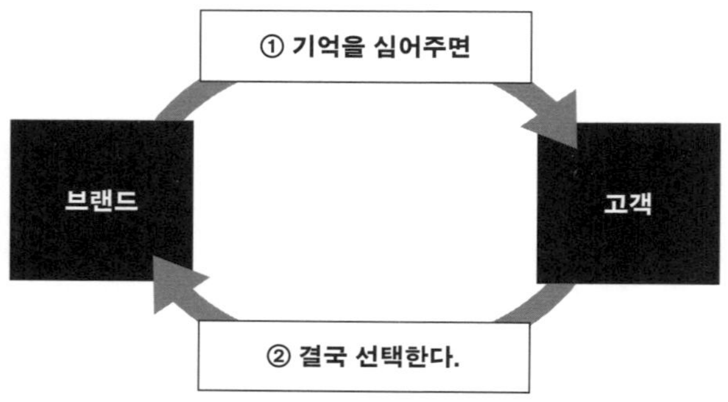

이 책에서는 그 '기억'을 어떻게 설계하고, 어떻게

브랜드의 뿌리에서부터 자라나게 할 수 있을지를 이야기하려 합니다. 브랜딩은 예쁜 디자인의 문제가 아니라, '왜 이 브랜드를 좋아하는가?'를 기억으로 만드는 과정입니다. 그리고 그 기억이 차곡차곡 쌓일 때, 브랜드 이미지는 비로소 고객의 마음속에 단단히 자리 잡습니다.

브랜딩이 없다 = 방향이 없는 배

저는 디자인 스튜디오를 창업한 한 사람의 사업가입니다. 공동창업자와 함께 시작한 작은 스튜디오는 지금은 10명 규모로 성장했습니다. 겉으로 보기에는 자연스럽게 커온 회사 같지만 사실 그 안에서는 '우리는 어디로 가는 회사인가?', 즉 회사의 방향을 두고두고 끊임없는 고민과 시행착오가 이어졌습니다.

처음에는 클라이언트가 요청하는 일이라면 무엇이든 다 했습니다. 인디 뮤지션의 앨범 재킷, 페스티벌 아이덴티티, K-POP 앨범과 공연 포스터, 기업 로고, 홈페이지, 리플릿과 팸플릿까지 의뢰가

들어오면 감사한 마음으로 모두 수락했습니다. 그렇게 일이 많아졌지만, 어느 순간 한 가지 문제가 또렷하게 드러났습니다.

정작 우리 스튜디오가 어떤 회사인지 설명하려 할 때, 저 스스로도 한 문장으로 답하지 못했다는 점이었습니다. 말하자면 '그냥 이것저것 다 하는 디자인 회사'에 머물러 있었던 것이죠. 그 경험을 통해 깨달았습니다. 브랜드에 브랜딩이 되어 있지 않다는 것은 곧 '우리가 어디로 가는 배인지'가 정해지지 않았다는 뜻이라는 것을요.

왜 열심히 일하는데 나아가지 못할까

회사나 브랜드는 바다 위를 항해하는 작은 배와 같습니다. 선장인 창업자나 브랜드 책임자가 목적지를 분명히 제시하지 않으면, 선원인 팀원들은 각자 다른 방향을 바라보며 노를 젓게 됩니다. 모두 열심히 일하고 있음에도 불구하고, 배는 제자리를 맴돌거나 엉뚱한 곳으로 흘러가게 되죠. 방향이 불분명하면, 이 배에 타려는 승객, 즉 고객 또한 "이 배가 어디로 가는지 모르겠다."며 선뜻 탑승하지 못합니다.

'위험한 여정, 적은 보수, 혹독한 추위, 완전한 어둠 속에서의 수개월. 무사 귀환은 보장 못 함. 하지만 성공 시 영광과 명예를 얻을 수 있음.'

이 구인 광고는 탐험가 어니스트 새클턴이 '인류
최초의 남극 대륙 횡단'이라는 목표를 향해 선원들을
모집하며 쓴 글입니다. 이런 위험한 모험에 누가
탑승하겠는가 싶지만, 그는 명확한 방향을 제시하고
솔직한 태도로 임했기에 27명의 대원을 모을 수
있었습니다.

새클턴이 브랜드라면, 그가 이끄는 대원들이
탑승한 인듀어런스호는 제품이나 서비스라고 볼 수
있습니다. 이들은 아쉽게도 남극 대륙에 발을 내딛지
못했습니다. 인듀어런스호가 얼음에 갇혀 부서졌기
때문이죠. 그러나 새클턴은 '횡단'이라는 목표를 '전원
생존'으로 바꾸고, 634일간의 사투 끝에 단 한 명의
희생자도 없이 전원 구조에 성공했습니다. 제품은
사라졌지만, 브랜드는 남았습니다.

브랜드의 방향을 규정한다는 것

브랜드는 결국 '경험을 쌓는 배'입니다. 브랜딩이
되어 있다는 것은 "우리는 이런 목적지를 향해 가는
배입니다."라고 말할 수 있는 상태입니다. 목적지가
분명하면, 내부 구성원들은 같은 방향을 바라보며
노를 저을 수 있고, 고객은 "나도 저 배를 타면
좋겠다."는 마음으로 기꺼이 탑승합니다.

브랜드가 없는 제품은 다시 사고 싶어도 찾기

어렵습니다. 검색창에 뭐라고 입력해야 할지, 어디서 다시 만날 수 있을지 알 수 없기 때문이죠. 반면 브랜드가 있는 제품은 기억 속 이름과 이미지 덕분에 쉽게 선택될 수 있습니다. 이때 브랜드는 단순한 이름이나 로고가 아니라, '이 브랜드는 이런 느낌, 이런 태도, 이런 스토리'라는 하나의 덩어리 경험으로 기억됩니다.

요즘 사람들은 브랜드를 선택할 때 '이 브랜드를 선택하는 나만의 이유는 무엇일까?'를 찾습니다. 제품을 구매하는 것은 같은 배를 타겠다는 결심과 직결됩니다. 같은 기능의 제품이라도 자신의 가치관과 라이프스타일, 감정에 맞는 브랜드를 고르고, 그 브랜드와 공유한 기억이 쌓일수록 더 비싸도 기꺼이 탑승하게 됩니다.

브랜드를 만들고자 한다면, 우리가 어디로 가는 배인지 규정할 수 있어야 합니다. 그렇다면 당신의 배는 어디로 가고 있나요?

요즘 브랜딩은 달라야 한다

방향을 잡기 전에 해볼 이야기가 있습니다. 왜 이렇게 요즘에 '브랜딩' 이야기를 많이 듣게 될까요?

요즘 모든 영역에서 브랜딩을 이야기합니다. 제품과 서비스는 물론 캐릭터, 채용, 심지어 개인까지 브랜딩의 대상이 되었습니다. 왜 브랜딩이 중요해진 시대가 되었을까요? 산업의 흐름을 돌아보면서 그 이유를 알아볼 필요가 있습니다.

사는 이유는 달라지고 있다

산업혁명 쯤으로 한번 돌아가볼까요. 수작업으로 소량 생산하던 시대에서 공장의 대량 생산이 가능한 시대로 변하게 되었죠. 그때는 어떤 제품이 잘 팔렸을까요? 세상에 없던 새로운 제품들은 출시와 동시에 큰 관심을 받았습니다.

"이런 물건들이 이렇게 많이 만들어지고, 쉽게 살 수 있다고?"

새로운 것을 알리기 좋아하는 사람들은 제품을 널리 소개해주었겠죠. 그렇게 세상에 없던 제품을 만들어내기만 해도 소문이 나며 팔려나가던 시절이었습니다. 이 시대에는 그동안 없던 것을 찾아 만들어내는 데 집중하는 것만으로도 사업 성공 확률을 높일 수 있었습니다.

하지만 대량 생산 제품이 많아질수록 새로움은 금세 사라졌습니다. 혹은 너무 많은 신제품이 쏟아져 선택하기 어려운 지경에 이르렀겠죠. "저건 다른 데서 봤어. 이것도 봤어." 하며 제품 간 차이점을 구분하기 힘들어졌습니다. 사람들은 본능적으로 자신의 제품을 더 팔기 위해 제품 외의 수단을 만들기 시작했습니다.

포스터를 제작하고, TV에 광고 영상을 방영하며, 주변 사람들에게 소개를 부탁했겠죠. 맞습니다. 마케팅이 중요해진 시대가 된 것입니다. 마케팅을 잘하는 기업들은 남들보다 더 많은 제품을 판매할 수 있었습니다. 왜냐하면 사람들은 자주 보는 것에 익숙해질 수밖에 없기 때문입니다. 마트에 가면

포스터나 TV 광고에서 본 제품을 무의식적으로
선택하게 되죠. 물론 자신이 합리적인 선택을 했다고
착각할 뿐입니다.

마케팅을 어떻게 정의하느냐에 따라 이야기는
달라지겠지만, 요즘은 마케팅에 질린 시대입니다.
마케팅이 넘쳐나면서 '마케팅적이다.'라는 말은
진실되지 않은 느낌, 상술로 하나라도 더 파는
이미지로 변했습니다(본질은 그렇지 않더라도요).
마케팅은 잘못한 것이 없습니다. 저도 마케팅이
잘못되었다는 이야기를 하려는 것도 아니고요. 다만,
마케팅은 사람들의 인식 속에 그렇게 자리를 잡고
있었습니다.

무엇이든 많아지면 사람들은 질리게 되어 있고,
피하고 싶어지게 마련이니까요.

요즘 우리는 광고의 홍수 속에 살고 있습니다.
길거리, SNS 피드, 유튜브 영상 어디서나 광고가
따라다니죠. 그래서 광고를 인지하는 순간 피해야 할
대상으로 생각하게 되고, 거짓 광고나 과대 광고를
의심하는 시대가 되었습니다.

하지만 사람들은 항상 무언가를 구매합니다. 아니
무언가를 사야만 하죠. 다만 사는 이유는 달라지고
있습니다.

사는 이유 1: 무엇이 아니라 '왜'가 중요하다

사람들은 이제 무엇을 만들었는가보다 왜 만들었는가를 봅니다. 결론적으로 옷을 사고, 커피를 사고, 스마트폰을 사는 것이지만, 선택의 순간에는 그 제품을 왜 만들었는지 확인합니다. 우리는 명분이 필요합니다. 이 제품을 사야 할 이유, 돈을 지불해도 괜찮은 마음의 안정감, 누군가에게 합리적인 구매라고 증명할 수 있는 근거가 있어야 하죠. 그 명분을 찾기 위해 제품을 만드는 기업이나 사람의 이유를 탐색합니다. "이런 깊은 뜻이 있었어?", "이걸 사면 누군가를 도울 수 있대!" 같은 이유가 구매의 동기가 됩니다.

파타고니아의 제품을 구매할 때는 옷이 좋아서도 있지만, 그들이 사업은 수단으로 바라보고 목적이 지구를 지키기 위함이라고 이야기하기 때문이죠. "이런 이유로 이런 제품을 만든 거라고? 그래, 나도 그 가치를 인정하고 그 활동에 동참하겠어!"라는 동기가 구매로 이어지는 것입니다.

사는 이유 2: 나를 표현하는 수단

사람들은 이제 기능만 사는 것이 아니라 나를 표현하는 수단으로 삽니다. 요즘은 오히려 기능이나 퀄리티가 떨어지는 제품을 찾기가 어려워졌습니다.

기술이 발전하면서 제품 간 격차가 줄어들었죠. 그런데도 같은 가격 대비 하드웨어가 더 낮은 애플을 사는 이유는 무엇일까요? 굳이 3천만 원짜리 에르메스 가방을 사는 이유는요?

결국 우리는 '애플을 쓰는 나', '에르메스를 들고 다니는 나'라는 이미지를 사는 것입니다. 저는 애플을 좋아합니다. 근데 왜 좋아하냐고 물으면 애플끼리 연동이 잘 된다라든가, 스티브 잡스라는 기업가의 철학을 좋아한다든가 등으로 설명하는데요. 결국, 이 제품을 쓰고 있는 나의 모습이 멋있어 보이기 때문이라는 속내가 있죠. 대학생 때, 카페에 가서 애플 로고에 불이 켜지는 노트북을 펼쳤을 때의 나의 모습을 떠올리면서 열심히 알바를 해서 돈을 모았던 기억이 나네요(아쉽게도 애플 로고에 불이 켜지는 노트북은 이제 나오지 않고 있습니다).

사는 이유 3: 남이 아닌 나와 맞는 브랜드

사람들은 이제 남들을 따라 사기보다 자신과 맞는 브랜드를 찾아 삽니다. 제조사가 한정적인 카테고리에서는 완벽한 브랜드를 찾기 어렵지만 옷, 가방, 카페, 식당처럼 선택지가 많은 분야에서는 수많은 옵션이 생겼습니다. 오히려 프랜차이즈를 믿고 거르는 사람들도 많죠. 각자의 취향에 맞는 브랜드를 찾으며, '나 같은 사람들이 모이는 곳은 어디일까?'를 고민합니다. 브랜드의 가치에 동참하는 의미로 제품을 구매하는 것입니다.

나이키라는 전세계적인 스포츠 브랜드가 몰락한다는 기사를 본 적이 있습니다. 모든 스포츠를 아우르는 나이키보다 러닝이라는 특별한 시장에만 집중하는 세티스파이나 온처럼 자신과 맞는 브랜드를 찾아 나서고 있죠. 새로운 브랜드를 시작하고자 한다면 이런 좁은 영역을 찾아볼 필요가 있습니다(나이키는 과연 다시 살아날 수 있을까요?).

사는 이유 4: 브랜드의 역사

사람들은 이제 히스토리를 추적하며 구매합니다. 이제 브랜드는 불투명한 장벽 뒤에 숨을 수 없습니다. 사람들은 브랜드의 '말'이 아니라 '발자국'을 봅니다. 이를 '디지털 발자국(Digital Footprint)'이라고 부르는데요. 브랜드의 첫 인스타그램 게시물, 창업자의 5년 전 인터뷰, 과거의 제품 라인업 등을 단 몇 초만에 훑어볼 수 있게 되었죠.

애버크롬비 피치 같은 브랜드는 한때 전 세계 청소년들의 선망의 대상이었죠. 하지만 '과거의 발언'과 '차별적 히스토리'가 디지털 매체를 통해 재조명되면서 몰락하게 되었습니다. 2006년 CEO

마이크 제프리스가 했던 '우리 브랜드는 멋지고
잘생긴 사람들만을 위한 것.'이라는 인터뷰 내용이
수년 뒤 SNS를 통해 다시 확산되었습니다.

　사람들은 단순히 그 발언뿐만 아니라, 과거 이들이
유색인종 채용을 거부했던 소송 기록, 외모로 직원을
등급 매겼던 가이드라인 등을 굴착하듯 찾아내
공유했습니다. 결과적으로 '백인 우월주의'와 '외모
지상주의'라는 부정적인 레이어가 브랜드 전체를
뒤덮었고, 결국 매출 급감과 함께 브랜드 이미지가
완전히 추락했습니다(최근 리브랜딩을 시도 중이지만 예전의
위상은 찾지 못하고 있죠).

　지금은 AI의 발전으로 전 세계에 흩어져 있는
방대한 데이터를 단 몇 초 만에 찾아낼 수 있게
되었죠. 이제는 정말 숨길 수 있는 것이 없습니다.
모든 것이 기록되고, 결국 찾아볼 수 있게
되었으니까요.

　어떤 제품과 서비스를 사는 이유가 달라진 이유는
결국 고객, 즉 사람들이 중요하게 생각하는 것이
변했기 때문입니다. 사람들이 왜 우리 제품을
선택해야 하는지 그 이유를 발견하고, 이 브랜드를
사용하는 사람의 모습을 상상하며, 좁지만 날카로운
취향을 정확히 겨냥하고, 처음부터 어떤 서사를

쌓아갈지 기획하는 일, 그것이 바로 '브랜딩'입니다.
결국 달라진 시대의 사람들에게 선택받기 위해
브랜딩이 필요한 것이죠.

　물론 브랜딩만 중요하다는 이야기는 아닙니다. 가장
중요한 것은 결국 제품, 서비스를 잘 만드는 것이겠죠.
그리고 그 존재 이유를 정하는 브랜딩, 정체성을
널리 퍼뜨리는 마케팅이 모두 필요하죠. 어쩌면 다
잘해야 선택받는 시대입니다. 그만큼 더 어려워졌다고
볼 수 있겠죠. 하지만 순서를 따지자면 브랜딩이
먼저입니다. 브랜딩은 탄생의 방향을 정하고,
마케팅은 그 성장을 돕기 때문입니다.

　더군다나 AI까지 발전하여 세상이 너무나도 빠르게
변화하고 있습니다. AI는 다양한 일을 더 빠르고
효율적으로 도와주고, 브랜드를 만드는 일 역시
AI와 함께 할 수 있습니다. 하지만 브랜드는 '만드는
순간'이 아니라, 오랫동안 쌓아가며 고객과 관계를
맺는 과정에서 비로소 의미를 갖습니다.

　브랜딩의 시작은 '어떤 방향으로, 어떤 고객을
타깃으로, 어떤 가치를 줄 것인가?'를 정하는
일입니다. AI를 통해 더 빠르고 효율적인 방법을 찾을
수는 있지만, 우리 배가 어디로 가야 할지 방향을
정하는 일은 여전히 사람의 몫입니다.

고객에게
어떻게 기억되고 싶은가?

　그런데 꼭 브랜드를 만들어야 할까요? 브랜드 없이 좋은 품질의 제품을 합리적인 가격으로 만들어서 팔면 안 될까요?

　브랜드가 있어야 사람들은 그 제품과 서비스를 기억할 수 있습니다. 한 번 경험했던 제품이나 서비스가 만족스러웠다면 그 브랜드를 기억해야 또다시 구매할 수 있겠죠. 하지만 브랜드가 없는 제품이라면 어떻게 될까요? 사고 싶어도 다시 사기 어렵겠죠. 그래서 브랜드가 필요합니다.

　또 브랜드가 있기 때문에 다른 브랜드와 다르다는 것을 증명할 수 있습니다. 같은 공장에서 만든 제품이라고 해도 다른 로고가 붙으면 다른 제품이 되죠. 그리고 그것이 그 제품의 가격을 결정합니다. 나이키 로고 하나, 루이비통 로고 하나는 로고의 의미를 뛰어넘기도 합니다. 그리고 브랜드가 주는 가치가 높아질수록 재구매가 일어나고, 더 높은 가격으로 판매해도 고객들이 기꺼이 구매할 수 있게 됩니다. 그렇기 때문에 눈에 보이지 않는 미래의 가치를 담기 위해 브랜드라는 그릇이 필요합니다.

브랜드를 사람으로 비유하곤 하는데요. 브랜드를 세상에 처음 선보이는 것은 아이가 세상에 태어난 것과 비슷합니다. 부모는 이 아이가 어떻게 자라면 좋을지 고심해서 이름을 지어주고, 어떤 것을 먹여야 하는지, 또 밖에 나갈 때는 어떤 옷을 입혀야 하는지도 굉장히 고민하게 되죠.

그렇게 세상에 태어난 소중한 아이는 자라면서 예상치 못한 많은 난관들을 만나게 됩니다. 부모가 키우고 싶은 대로 자라지 않을 수도 있죠. 하지만 그런 모든 과정을 거쳐가면서 조금씩 더 선명한 정체성이 만들어집니다. 그리고 그 아이가 성인이 되어 스스로 자신을 챙길 수 있게 되면 부모의 곁을 떠나 독립하게 되죠.

브랜드도 비슷합니다. 이름을 짓고 성장 방향과 정체성을 잡아 세상에 내놓습니다. 하지만 세상에 태어났다고 해서 꼭 성공하는 것은 아닙니다. 어떤 브랜드는 누군가의 기억 속에 자리 잡지 못한 채 사라지고, 어떤 브랜드는 자신만의 강력한 정체성을 만들어 전 세계로 뻗어나가기도 합니다. 그리고 잘 자란 브랜드는 고객들의 머릿속에 각각의 고유한 '기억'을 쌓게 됩니다.

브랜드 기억 = 잊히지 않는 브랜드 이미지

제 머릿속에 혹은 마음속에는 애플이 주는 '기억'이 있습니다. 그 기억은 굉장히 혁신적이면서도 아름답다는 것 같아요. 뭐라고 콕 짚어 설명하기 쉽지 않죠. 그 기억은 제가 디자인 작업을 하면서 필요한 도구를 사야 할 때 애플이라는 브랜드를 떠오르게 만들죠. 아이폰이 새로 출시되면 이전에 좋았던 기억으로 인해 새로운 버전의 폰을 사고 싶다는 생각이 들게 됩니다. 우리가 브랜드를 만들겠다고 결심했다면, 그것은 어떤 제품을 만드는 것을 목적으로 하는 것이 아니라 이런 브랜드 기억, 즉 브랜드 이미지를 만드는 데 집중해야 합니다.

브랜딩이라는 일이 무엇을 목적으로 해야 하는가라고 묻는다면 저는 '기억을 만드는 일'이라고 정의합니다. 그 기억이 고객에게 강렬한 브랜드 이미지를 심어주고, 결국 장기적으로 매출에 도움이 되고, 기업의 성장에 도움을 주게 되는 것이죠. 그런데 앞에서도 이야기했었죠. 내 주변에 가장 재미있는 친구가 기억에 남을 수 있었던 이유. 결국 우리가 의도하는 브랜드 기억을 만들기 위해서는 고객에게 일관되고 꾸준하게 경험을 쌓아주어야 합니다.

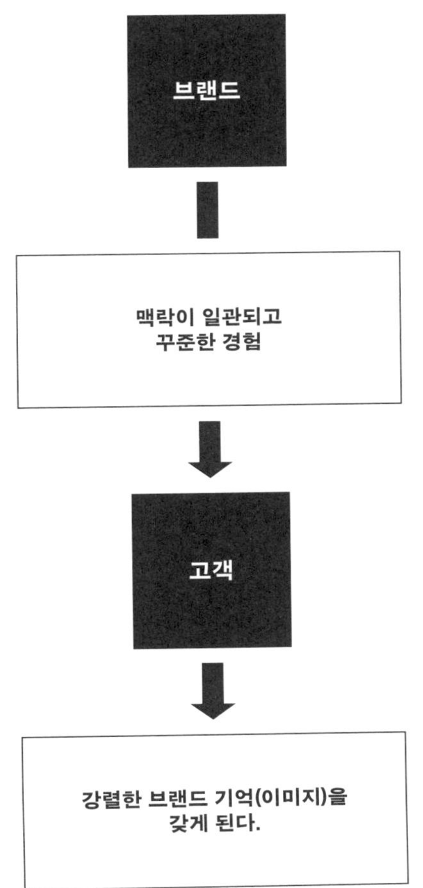

브랜드 이미지에는 일관된 맥락이 있다

서울대 뇌인지과학과 이인아 교수의《퍼펙트 게스》에서는 인간이 무언가를 선택할 때, 다양한 경험을 하면서 쌓인 맥락을 이용한다고 합니다. 동일하거나 비슷한 경험이 쌓여서 하나의 맥락이 되었을 때 더 빠르게 떠올리고 선택할 수 있다는 것이죠. 그래서 우리는 그 맥락을 어떻게 만들어가야 할지 고민해봐야 합니다.

브랜드가 어떤 맥락을 갖고 있는지 알고 경험할 때와 맥락이 없는 경험을 했을 때는 완전히 다릅니다. 맥락이 있는 브랜드는 고객의 머릿속에 확실한 기억, 즉 이미지를 남깁니다. 하지만 맥락 없는 브랜드는 그렇지 못하죠. 그래서 우리가 원하는 브랜드 이미지, 브랜드 기억을 만들어가기 위해서는 하나의 맥락을 유지하면서 고객에게 브랜드 경험을 쌓아주어야 합니다.

그 맥락 안에서 경험을 겪었던 적이 있고 이 브랜드에 대한 기억이 만들어졌다면, 다음번에는 그 맥락 안에 있는 아주 작은 단서만으로도 그 브랜드를 연상하게 되고, 그 브랜드가 줬던 좋은 경험을 떠올리게 되면서 이 브랜드의 더 높은 가격을 지불해도 되는 상황이 생기는 거예요. 그 맥락과 비슷한 어떤 다른 상황에서도 그 브랜드를 떠올리게 될 수 있는 거죠.

더군다나 이제는 네이버나 구글이 아닌 AI로 검색할 때 브랜드가 노출되어야 하는 시대로 접어들고 있습니다. 그래서 GEO(생성형 엔진 최적화)가 중요해졌는데요. 기존에 단순한 키워드를 반복해 검색 확률을 높이던 SEO(검색 엔진 최적화) 방식으로는 이 시대에 살아남기 어려워졌습니다. 브랜드의 권위와 맥락적 신뢰가 쌓여 있어야 AI에게 선택받을 수 있다는 것이 알려져 있고, 그렇기에 브랜드는 처음부터 어떤 맥락을 이어갈지 고민하고 세팅할 필요가 있습니다.

브랜드를 만들고자 한다면 이 질문에 대답해보세요. '어떻게 기억되고 싶은가?'

이 질문에 답하는 것은 쉽지 않습니다. 어떤 고객에게 어떤 가치를 전달해서 어떤 변화를 줄 것인지. 그것들을 통해서 어떻게 기억되고 싶은지까지 생각해야 하죠. 그리고 그 과정에서 실질적인 제품이나 서비스의 형태도 잡아야 하고요. 이 책을 덮을 때까지 이 질문에 대해 명확하게 답변할 수 있도록 구성해두었습니다. 그 답은 브랜드를 키워가는 여정의 내비게이션 역할을 할 겁니다.

레이어링, 강렬한 브랜드 기억을 쌓아라

브랜딩은 고객의 기억을 설계하는 일이라고 이야기했습니다. 고객의 머릿속에 어떤 이미지로 남을 것인가.

그 한 장면을 위해 모든 접점을 쌓아야 합니다. 브랜드는 한 번의 인상으로 만들어지지 않습니다. 반복되는 경험과 일관된 메시지가 켜켜이 쌓일 때 비로소 기억이 완성됩니다.

브랜드, 만드는 것이 아니라 쌓는 것

저는 강연장에서, 그리고 고객사 분들과의 미팅에서 이런 질문을 자주 던집니다.

"고객에게 어떤 브랜드 경험을 쌓아주어야
할까요?"

브랜드를 구축하는 과정에서 중요한 것은 단순히
컨셉을 잡는 일만이 아닙니다. 그 컨셉을 현실 속에서
어떻게 쌓아 올릴 것인가가 더 중요합니다. 컨셉은
브랜드의 기반이 됩니다. 우리 브랜드만의 컨셉을
잡은 후에는 하나의 일관된 맥락을 유지해야 합니다.
이 맥락은 기둥의 역할을 하고요. 그 기둥에서
벗어나지 않으면서 꾸준히 경험을 쌓아가야 합니다.

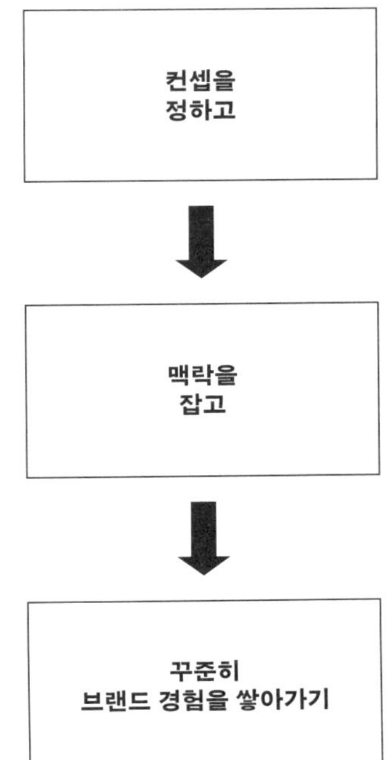

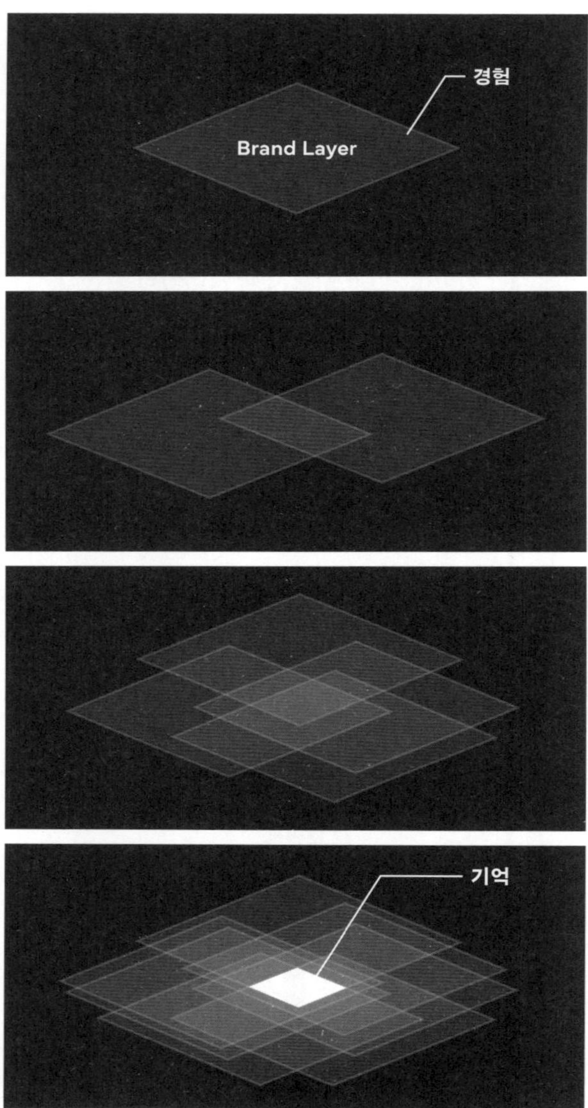

고객에게 일관된 맥락(기억)을 심어주는 브랜드의 레이어링.
경험 레이어들이 쌓여서 겹쳐진 중복된 부분이 '브랜드 기억'입니다.

컨셉을 기반으로, 일관된 맥락으로, 꾸준히 경험을 쌓아가는 것. 이것이 바로 이 책에서 말하고자 하는 '레이어링'입니다. 그리고 이 레이어링을 잘하기 위해서는 브랜드의 내면과 외모로 구성된 '브랜드 레이어'를 구축해야 합니다. 브랜드 레이어의 중간에는 컨셉이 포함되어 있고, 모든 경험을 쌓아갈 때 그 컨셉을 유지하면서 쌓아가야 합니다.

이 '브랜드 레이어'를 하나의 반투명한 아크릴판이라고 생각하면 이해가 됩니다. 반투명한 아크릴판을 하나씩 쌓다 보면, 겹쳐지는 부분이 점점 선명해지는 것을 알 수 있습니다. 그렇게 겹쳐지는 부분이 바로 '컨셉'이고요. 이 컨셉을 유지하면서 꾸준히 쌓아가다 보면 브랜드 기억도 더 선명해질 수 있죠.

고객이 기억하지 못하는 브랜드들의 공통점

하지만 꽤 많은 브랜드들이 이 부분에서 실수를 저지릅니다. 다양한 좋은 모습을 보여주기 위해 이쪽저쪽 겹쳐지지 않는 경험을 구축하는 것이죠. 온라인에서는 상냥한 모습을 보여주다가, 오프라인에서는 파격적인 모습을 보여주는 식이죠.

많은 장점을 한꺼번에 보여주면 고객은 중심을 잡기 어렵습니다. 맛있는 사과 10개를 동시에 던지면 하나라도 받아내기가 어려울 수 있지만, 정말 맛있는 사과 하나를 던져주면 받는 이는 변수 없이 잘 받고 맛있게 먹을 수 있겠죠. 브랜딩도 마찬가지입니다. 하나의 맥락을 지키며 경험을 설계하고 이미지를 쌓아가야 고객의 기억에 오래 남습니다.

그렇지 못하면 비용은 더 들었지만, 이 브랜드를 제대로 기억하지 못하게 됩니다.

'그때 그… 브랜드 있잖아. 뭐였더라?'

이름도 기억하기 어렵고 어떤 이미지도 특정하기 어렵습니다. 결국 고객에게 '한 번에 떠오르지 않는 브랜드'가 되는 것입니다. 그러므로 욕심을 내어 이것저것 시도하기보다는, 고객이 기억할 수 있는 '단 하나의 맥락'을 꾸준히 쌓는 것이 브랜드 이미지 구축에 중요합니다.

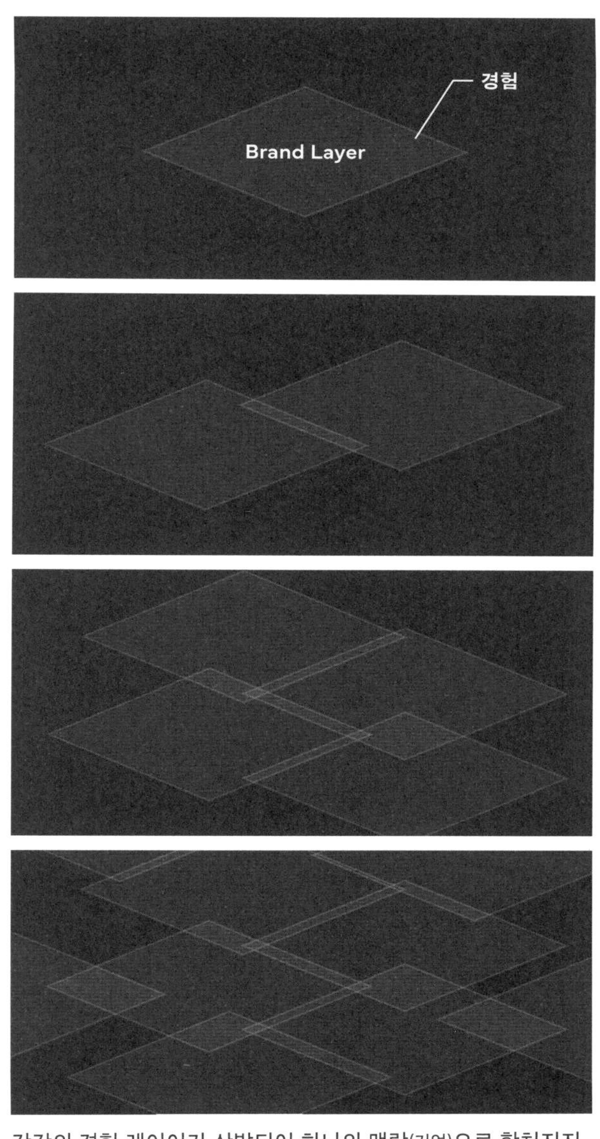

각각의 경험 레이어가 산발되어 하나의 맥락(기억)으로 합쳐지지
못하는 브랜드

젠틀몬스터는 '비범함'이라는 맥락을 이어갑니다. 누데이크, 탬버린즈까지 같은 맥락으로 경험을 쌓죠. 아이아이컴바인드 김한국 대표는 "사람은 누구나 평범에서 벗어나고 싶어 한다."며 비범함을 브랜드에 담았습니다. 안경 제조가 아닌 '브랜드업'으로 정의해 프리미엄 매출을 이뤘습니다.

이 맥락 유지는 회사 구조와 연결됩니다. 연구개발·인테리어에 투자해 매장 런칭마다 이슈를 만듭니다. 퀄리티를 유지하며 디자인·공간에서 비범함을 강조하죠. 2023년 탬버린즈 성수 매장은 1~3층을 비우고 지하만 쓰는 과감함을 보여줬습니다.

LVMH의 700억 투자도 이 맥락 덕분입니다.

볼보의 현재 브랜드 이미지는 '안전'이라는 맥락을 이어온 결과입니다. 설립자 아사 가브리엘손과 구스타브 라르손은 '자동차는 사람이 운전하기 때문에 안전이 최우선'이라는 모토로 시작했습니다. 삼점식 안전벨트를 최초 개발·상용화했죠. 1959년 PV544 모델에 적용 후 독점이 가능했지만 모든 제조사에 오픈소스처럼 공유합니다. 브랜드에서 일관성 있게 유지해온 맥락, '사람 안전' 때문입니다.

볼보는 한 번의 맥락으로만 끝나지 않았습니다. 1972년 뒷좌석 어린이 시트, 1990년 좌석 내장 시트 등 모든 접점에서 안전 맥락을 유지하죠. 결국 브랜드가 지킬 맥락을 정해야 합니다. 모든 경험 설계에서 '이 맥락이 유지되는가?'를 반문하세요. 멋진 키워드 설정은 쉽지만, 유지하며 쌓는 게 어렵습니다. 세상에 브랜드를 내놓는 순간부터 시작입니다. 브랜드는 만드는 게 아니라 쌓아가는 것입니다.

고객이 브랜드를 경험하는 경로는 다양합니다. 누군가의 소개, 길거리 우연한 만남, 인스타그램 광고나 알고리즘 추천 등 수많은 접점에서 브랜드와 마주칩니다. 여기서 중요한 것은 두 가지입니다. 《기억의 뇌과학》 저자 리사 제노바는 오래 남는 기억의 핵심은 '의미'와 '반복'에 있다고 합니다. 의미

있는 경험을 반복할 때 장기 기억으로 전환되어 오래
남죠. 브랜딩은 어떤 의미를 전달할지 정하고, 모든
경험에 그 의미를 내포한 맥락을 유지하며 꾸준히
쌓아가는 일입니다. 그렇게 맥락을 지키며 경험을
반복하면 브랜드가 깊이 각인됩니다.

리바이스 하면 청바지, 나이키 하면 스포츠웨어,
애플 하면 혁신적 전자기기가 떠오릅니다. 하지만
이런 인식이 처음부터 있었을까요? 스티브 잡스와
워즈니악이 차고에서 컴퓨터를 만들던 시절, 애플에는
혁신 이미지가 없었습니다. 동네에서 한 대씩 팔며
100대 판매에 기뻐하던 때죠.

언제부터일까요? '혁신' 이미지를 결심한 후 IBM을
비판하는 광고, 끊임없는 신제품 출시, 잡스의 아이폰
발표 등 다양한 경험이 쌓인 결과입니다. 그 반복된
레이어링으로 애플은 인터브랜드 2024 브랜드 가치
1위를 수년째 지킵니다.

파타고니아 창업자 이본 쉬나드도 역시 그랬습니다.
그는 대장장이이자 암벽 등반가였습니다. 처음
바위를 뚫어 피톤을 박았지만, 자연 파괴를 깨닫고
모든 제품을 폐기합니다. '클린 클라이밍' 캠페인을
펼치며 환경 보호 장비를 개발하죠. 의류로 확장해
파타고니아가 탄생하지만, 창업 초기에 별다른 철학은
없었습니다.

사업을 시작해 회사 운영의 어려움을 겪은 후에야, 단단한 브랜드 철학을 정립할 수 있게 되었습니다. 여기서 우리가 배울 점은 '의미를 찾는 데 시간이 걸린다는 점'입니다. 처음부터 대단한 미션이 없어도 괜찮습니다. 하지만 브랜드가 되겠다는 결심을 했다면, 언젠가는 미션을 찾아 우리 브랜드의 근간을 잡겠다는 생각이 필요합니다.

브랜딩은 경험을 쌓아가는 과정입니다. 레이어링으로 일관된 맥락을 유지하며 고객에게 경험을 쌓아주세요. 맥락을 정하고 유지하며 쌓아가면 의도한 브랜드 기억, 즉 브랜드 이미지를 만들 수 있습니다. 이 책에서 제가 소개하고자 하는 레이어링의 과정입니다.

LG전자의 '라이프집(Lifezip)'은 좋은 예입니다. 그 공간은 LG제품을 단순히 전시하기보다, 제품이 놓인 라이프스타일을 보여주는 장이었습니다. 젊은 고객은 당장 고가의 제품을 사지 않더라도, 그 경험이 무의식 속에 'LG다운 순간'으로 남습니다. 그리고 시간이 흘러 결혼을 하거나 생활 수준이 달라질 때 자연스럽게 'LG가 좋았지.'라는 기억이 떠오르게 됩니다.

서울 성수동에서 열린 LG 홈 라이프스타일 커뮤니티
'라이프집(Lifezip)'의 팝업스토어

"당신의 브랜드는 어떻게 기억되고 싶으신가요?"

이 책에서는 이 질문에 대한 대답을 정리할 수

있도록 구성되어 있습니다. 사실 제가 이 책을

쓰기로 결정한 지 3년이라는 시간이 흘렀습니다.

2013년에 디자인 회사를 창업하고 계속해왔던 일은

클라이언트 프로젝트를 위해 팀 단위로 컨설팅하고 디자인했었습니다. 그리고 그 과정에서 저희 회사 '레이어(lllayer)'만의 프로세스가 단단해졌습니다. 하지만 그 프로세스를 책으로 출간하기에는 너무 어렵다는 생각이 들었습니다.

그래서 출간 계약을 하고 3년이라는 시간 동안 브랜드를 시작하려는 대표님들을 직접 만나왔습니다. 때로는 책을 함께 읽으면서 이야기를 하기도 했고요, 때로는 직접 강의를 하면서 시작하는 브랜드의 정체성을 잡아가는 일을 같이 하기도 했습니다.

그러면서 이 책에 담을 내용들이 디벨롭되어 왔습니다. 실제로 브랜드를 런칭하고자 하는 분들에게 브랜딩이 무엇이며 어떻게 시작해야 하는지 알려드렸던 그 이야기가 이 책에 고스란히 담겨 있습니다. 고객들에게 어떤 기억을 남길 것인지 그 목적지를 설정하기 위해서 무엇을 생각해야 할지, 이 책을 따라오면서 하나씩 정리해보시길 바랍니다.

브랜드도
핵심 감정이 필요하다

브랜드 이미지, 즉 기억이 만들어지기 위해서는 '감정'이 필요합니다. 감정적으로 더 큰 경험을 했을 때 더 확실히 기억되기 때문입니다. 그리고 사람은 이성적으로 판단하여 선택하지 못하고, 감정이 수반되어야 무언가를 선택할 수 있습니다.

감정이야말로 선택을 위한 컨트롤 타워인 것이죠. 그렇기 때문에 브랜드가 어떤 감정을 건드릴 것인지 '브랜드 핵심 감정'을 정해야 할 필요가 있습니다. 브랜드를 만들고 세상에 보여주려고 하는 이유는 결국 우리의 제품, 우리의 서비스를 선택받기 위함인데, 고객의 감정을 건드리지 않고는 선택받을 수 없습니다.

못난이 캐릭터를 중심으로 행복을 전하는 브랜드 오롤리데이의
로고

오롤리데이라는 브랜드는 '행복'이라는 감정에
집중합니다. 행복을 전하는 브랜드로 기억되기 위해서
오프라인 매장의 이름을 '해피어마트'라고 지었어요.
그리고 그것에 맞는 밝고 채도 높은 컬러를 활용하고
있고요. 귀여운 못난이 캐릭터로 개발하고, 대표님과
직원분들의 행복한 모습을 SNS에서 볼 수 있어요.
이 브랜드를 생각만 해도 뭔가 행복한 기억들이
떠오르기도 하죠.

그렇다면 여러분의 브랜드는 고객에게 어떤 감정을
줄 것인가 생각해보아야 합니다. 카페를 오픈한다고
해도 우리 카페에 와서 어떤 감정을 느끼게 해줄지
설정하고 공간을 구성하는 것과 카페 사장님의
취향으로 공간을 구성하는 것은 천지차이일 수밖에
없겠죠. 우리는 핵심 감정을 설정하고 고객들의 기억

속에 우리 브랜드와 그 감정이 연결되도록 만들어야 합니다.

그렇다면 감정을 어떻게 느끼게 할 것인지 정하는 것만으로 우리 브랜드와 그 감정이 연결될 수 있을까요? 아쉽게도 아닙니다. 감정이라는 하나의 맥락을 유지한 채로 꾸준히 고객들과의 관계를 맺어야 그 관계가 있었던 후에 남는 기억들이 만들어집니다. 그 기억들을 통해서 선택해야 하는 상황에서 우리 브랜드를 선택할 수 있습니다. 놀라움, 행복함, 따뜻함, 편안함, 안전함, 부러움 등 다양한 감정들 중 한 가지에 집중해서 고객들에게 우리의 브랜드 아이덴티티를 꾸준히 경험하게 해줘야 합니다.

기억이라는 것은 무언가를 경험한 후 기존에 있던 기억과 연결하게 된다고 합니다. 기존에 비슷한 기억이 있을 때 더 빠르고 더 많이 기억할 수 있는 것이죠. 이것은 기억을 잘하는 기억력 선수들이 하는 방법입니다. 그들은 기존에 자신이 잘 가던 지역, 잘 가던 장소와 새로운 정보를 연결해서 기억을 만들어갑니다. 우리는 이런 방법을 활용해야 하죠. 우리를 기억하게 할 수 있는 일반적인 경험이 무엇인지 찾아볼 필요가 있습니다. 기존의 경험과 우리가 주려는 경험이 쉽게 연결되고 기억될 수 있어야 하고요.

먼 친척이 돌아가셨다고 했을 때 느끼는 감정과 가까운 나의 형제 혹은 나의 부모 혹은 나의 반려견이 세상을 떠났을 때 느껴지는 감정의 크기는 다르겠죠. 이것은 사실 공유된 기억이 얼마나 많은가에 따라 차이가 납니다. 공유된 기억이 많기 때문에 더 풍부한 감정을 느낄 수 있고, 풍부한 감정을 느꼈기 때문에 또 새로운 기억이 만들어집니다.

브랜드에는 반드시 핵심 감정이 필요합니다. 그것이 우리 브랜드를 기억하게 만드는 핵심적인 요소가 될 것입니다. 그리고 그 핵심 감정을 맥락으로 연결해서 다양한 경험을 줄 때, 고객들에게 이 브랜드의 경험을 줄 때마다 그 감정을 잘 건드리고 있는지 점검할 필요가 있습니다. 혹은 이 경험이 있고 난 후에 그 감정이 느껴지는지 또한 돌아볼 필요가 있습니다. 그렇게 핵심 감정을 선택하고 설정하고, 그 감정을 꾸준히 유지하면서 꾸준히 경험을 주는 것이 굉장히 중요합니다.

브랜드 레이어링 3단계 과정

이번 챕터에서는 고객의 머릿속을 지배하는 브랜드 이미지 설계 전략, '레이어링' 3단계에 대해 소개하고자 합니다. 2~4부에서는 각 단계를 더욱 자세히 알아보도록 하겠습니다.

레이어링 1단계: 방향 찾기
(브랜드의 내면을 정리하는 과정)

1단계는 우리 브랜드가 가야 할 길을 찾는 과정입니다. 우리만의 목적지, 우리만의 길을 만드는 것이 시작이죠.

레이어링 2단계: 컨셉 잡기
(내면과 외모를 연결하는 허리 같은 부분)

두 번째는 창의적인 컨셉을 만드는 과정입니다.
우리만의 컨셉을 어떻게 시각적으로 보여줄 수 있을지
고민해야 합니다.

레이어링 3단계: 스타일링하기
(브랜드의 외모를 꾸미는 과정)

세 번째는 고객을 만나러 가기 위해 준비하는
과정입니다. 이 과정이 잘 마무리되어야 고객들에게
일관된 경험을 줄 수 있습니다.

이 3단계 과정을 통해 '브랜드 레이어'를 구축하여
고객들을 만나 관계를 쌓아가는 전략이 바로
레이어링입니다.

간호사가 간호사를 위해 만든 브랜드, 널핏의 광고 이미지

간호사가 만든 간호사를 위한 브랜드, 널핏을 예로
들어 설명해드리겠습니다. 널핏은 간호사 출신의
대표가 '간호사는 누가 간호하지?'라는 질문을 품고
시작한 브랜드입니다. 현장에 있을 때부터 간호사의
처우와 인식 문제를 절실히 느꼈고, 이를 바꾸고
싶다는 사명감을 갖고 있었죠.

이들은 처음부터 제품을 팔지는 않았습니다.
가장 먼저 시작한 일은 '간호사의 일상을 담은
인스타툰'이었습니다. 간호사들이 공감할 만한
에피소드와 감정을 꾸준히 올리며 관계를 맺었습니다.
팔로워가 늘어나자 대표는 이렇게 생각했습니다.

'이 인스타툰을 보는 팔로워분들에게 필요한 물건을
만들어볼 수는 없을까?'

그래서 그는 제품 개발 과정을 처음부터 끝까지 팔로워와 공유했습니다. 어떤 것이 불편한지, 무엇이 필요할지 묻고, 체험단을 운영하며 피드백을 받아 제품에 반영했습니다. '미래의 고객'이 될 사람들을 먼저 모으고, 그들과 함께 브랜드를 키워가는 방식이었습니다.

첫 제품은 '압박 스타킹'이었습니다. 서서 일하는 간호사들은 다리가 붓고 피로도가 높습니다. 기존 압박 스타킹과는 다른, 간호사들의 일에 딱 맞는 제품을 만들고자 했고, 팔로워의 의견과 후기를 적극 반영해 개발했습니다. 그 결과 크라우드 펀딩에서 약 2억 원을 달성하며 좋은 반응을 얻었습니다. 이후 손목 보호대, 핸드크림 등 소품도 런칭했습니다.

하지만 곧 한계에 부딪혔습니다. 단가가 낮은 소품 위주라 매출 규모가 쉽게 커지지 않았고, 인플루언서 간호사들 사이에서는 인지도가 높아졌지만 성장의 한계를 느꼈으며, 무엇보다 '특정 제품'이나 '특정 카테고리'로 선명하게 인식되지 않는다는 문제가 있었습니다.

그래서 '카테고리를 선점하자'는 결론을 내리고, 간호사용 신발, 즉 '간호화' 개발에 도전합니다. 병원 현장에서 크록스가 많이 쓰이지만, 미끄러짐이나 무릎 부담 등 안전성 이슈가 있었습니다. 이를 보완하는

전문 간호화를 만들고자 했습니다. 이때도 개발
과정을 공개하고 팔로워와 함께 디벨롭했죠.

　그런데 여기서 중요한 문제가 드러납니다. 기존에
사용하던 로고와 시각 자산이 새로 만들고자 하는
'간호화 브랜드'의 정체성과 어울리지 않았던
것입니다. 처음부터 뚜렷한 비전과 맥락을 바탕으로
만든 로고가 아니었기 때문입니다. 이 지점에서
널핏은 저에게 리브랜딩을 의뢰했고, 그렇게 브랜드
레이어를 구축하기 시작했습니다.

레이어링 1단계: 브랜드 내면 설정
(널핏은 누구에게 어떤 가치를 줄 것인가)

　첫 번째 단계는 내면, 즉 '방향 잡기'입니다. 이
단계에서 함께 진행한 일은 다음과 같습니다.

인터뷰·설문조사로 안팎을 파악하기

　우선 내부 구성원과 기존 고객(팔로워)을 대상으로
인터뷰와 설문조사를 진행했습니다.

내부 관점	창업자의 의도, 팀이 느끼는 널핏의 강점·한계, 앞으로 가고 싶은 방향
외부 관점	고객이 널핏을 어떻게 인식하는지, 어떤 순간에 떠올리는지, 무엇을 기대하는지

이 외에도 유사 타깃을 가진 경쟁 브랜드를 분석해 널핏이 어떤 포지션을 차지할 수 있을지 정리했습니다. 이 과정은 '우리가 지금 어디에 서 있는지'를 함께 확인하는 단계였습니다.

타깃 페르소나 정의하기

다음으로 '누구를 위한 브랜드인가'를 보다 구체적으로 잡았습니다. 막연히 '간호사를 위한 브랜드'라고 말하면, 실제 기획에서는 서로 다른 사람을 떠올리기 쉽습니다. 그래서 타깃을 한 명의 인물로 구체화하는 '페르소나 작업'을 진행했습니다.

여러 논의 끝에 널핏의 핵심 타깃을 '4년 차 간호사'로 정의했습니다. 어느 정도 업무 경험과 이해도가 있고, 자신의 몸과 삶의 퀄리티에 투자할 여유가 생기기 시작하며, '이건 나에게 정말 필요해!'라는 판단 능력이 생기는 시기이기 때문입니다. 입사 1~2년 차에게는 이런 제품의 필요성이 와닿지 않거나, 경제적 여유가 부족할 수 있습니다. 반면 4년 차는 기능·가치·가격을 납득하고 스스로 선택할 수 있는 시기에 해당합니다.

브랜드 페르소나 정의하기

여기에 더해 '브랜드 페르소나'도 함께

만들었습니다. 브랜드를 한 사람의 캐릭터로 표현하는 작업입니다. 널핏의 브랜드 페르소나는 '5년 차 간호사'로 설정했습니다. 고객(4년 차)보다 조금 앞서 경험을 한 선배 같은 존재입니다. 그래서 널핏은 고객에게 '이런 제품이 있으면 너에게 도움이 될 거야.'라고 자연스럽게 권할 수 있는 포지션을 갖게 됩니다.

브랜드를 사람처럼 정의하면 장점이 있습니다. 브랜드와 고객 사이에 조금 더 인간적인 관계가 형성되기 때문입니다.

우리 브랜드만의 차별화된 제품 기획(전문 간호화)부터, 그것으로 어떤 가치(안전과 안정)를 전달할지, 고객은 누구(4년차 간호사)이며 우리 브랜드(5년차 선배 간호사)와 어떤 관계(조금 먼저 경험한 것을 친절하게 알려주는)를 맺을지까지 설정하는 것이죠.

여기까지가 레이어링의 1단계 '방향 잡기' 단계입니다. 이미 존재하던 조각들을 모아 정리하면서 '널핏은 이런 방향으로 가는 브랜드다'라는 공통된 합의를 만드는 과정이었습니다.

2단계: 컨셉 잡기
(널핏다움을 한 장면으로 만들기)

우리 브랜드가 갖고 있는 내면을 정리했다면, 이제 그것들을 응축해 우리만의 고유한 컨셉으로 만들어야 합니다.

가장 먼저 해야 할 일은 이 사업을 하면서 꼭 지켜야 할 핵심 가치를 정의하는 것입니다. 널핏 브랜드는 '공감, 안정, 자긍심'이라는 키워드로 정의했습니다.

그리고 우리가 이루고자 하는 원대한 비전을 설정하고, 이를 위해 지금 해야 할 미션도 정합니다.

비전: 간호사를 섬기고, 그들에게 힘이 되는 제품과 서비스를 제공합니다.

미션: 우리는 간호사가 더 나은 환경으로 나아갈 수 있도록 함께합니다.

이런 기반 위에서 널핏이라는 브랜드의 허리가 되는 컨셉을 잡았습니다.

'간호사를 간호하는 브랜드.'

이 컨셉은 널핏이 어떤 행동을 선택할 때의 기준이 됩니다. 상품 기획, 상세페이지 제작, SNS 콘텐츠까지 모든 경험 요소에서 이 컨셉에 위배되지 않는지 점검해야 하죠.

이렇게 우리만의 명확한 컨셉이 잡히면, 이제 외모로 넘어갈 차례입니다.

3단계: 외모 스타일링
(고객을 만나러 가기 바로 전)

컨셉이 잡혔다면 그 컨셉을 담고 있는 외모를 만들어야 합니다. 그리고 이 외모는 크게 언어적 부분과 시각적 부분으로 나뉩니다.

브랜드 외모 1: 언어적 부분

언어적 부분은 이름부터 슬로건, 태그라인, 말투와 태도까지 포함합니다. 널핏의 이름은 영문으로 Nurse + Fit의 합성어입니다. '간호사(Nurse)에게 적합(Fit)한 제품과 콘텐츠를 제공해 안정적인 삶을 돕는다.'는 컨셉이 담겨 있죠.

슬로건은 'YOU NURSING ME, WE NURSING YOU'로, '간호사는 우리를 간호하고, 우리는 간호사를 간호한다'는 메시지를 전달합니다. 널핏은 프로페셔널하면서 친근한 태도를 유지하며, 부드럽고 온화하지만 명확하고 힘 있는 어조로 이야기하는 브랜드로 설정했습니다.

브랜드 외모 2: 시각적 부분

시각적 부분은 전체 분위기를 보여주는
무드보드(컬러, 폰트, 그래픽 모티브 등)를 먼저 설정하고,
이를 바탕으로 로고와 전체 브랜드 아이덴티티
시스템을 구축합니다.

널핏의 무드보드 1안과 2안

널핏의 초기 로고(왼쪽)와 레이어링 2단계 후의 로고(오른쪽)

브랜드의 외모를 구성하는 경험들

제품 패키지
및 언박싱
경험

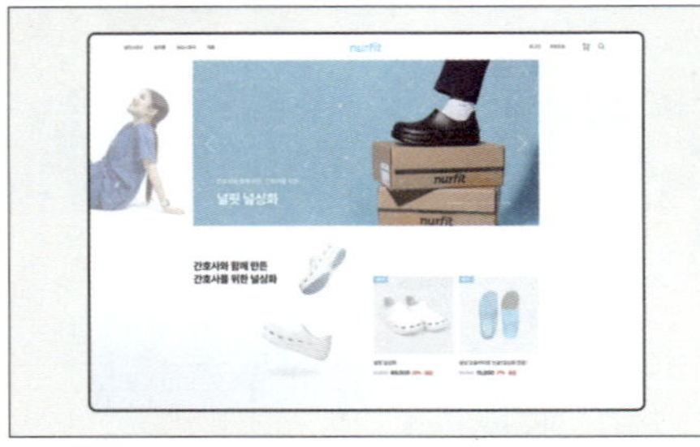

브랜드
자사몰과
상세페이지

오프라인
행사, SNS
소통 방식

고객과
과정을
공유하는
방식

그리고 각 접점마다 같은 질문을 던져야 합니다.

"이 경험은 우리가 잡은 방향과 컨셉을 유지하고 있는가?"

"고객의 머릿속에 어떤 한 문장으로 남게 되는가?"

널핏도 그랬듯, 모든 브랜드는 처음부터 의도한 기억이 단번에 만들어지지 않습니다. 그러나 '컨셉(Concept)'을 유지한 채 일관된 '맥락(Context)'으로 '꾸준히(Consistently)' 쌓아갈 때, 고객은 어느 순간 널핏을 이렇게 기억하게 될 것입니다.

'현장을 누구보다 잘 아는, 간호사를 위한 브랜드'

'간호사의 몸과 마음을 같이 돌봐주는 브랜드'

레이어링 3단계는 결국 이 과정을 체계적으로 반복하는 방법입니다. 방향을 잡고, 널핏다운 컨셉로 압축하고, 고객과의 실제 경험에서 그 컨셉을 꾸준히 쌓아가며, 처음 의도한 기억과 고객의 인식 사이의 거리를 줄여가는 일. 브랜드를 만들겠다고 결심한 그 한 사람의 의도에서 시작해, 현실의 수많은 접점 위에 레이어를 더해가는 과정. 그것이 이 책에서 말하는 레이어링이며, 브랜딩의 길입니다.

2부

레이어링 1단계:
브랜드의 내면 구성하기

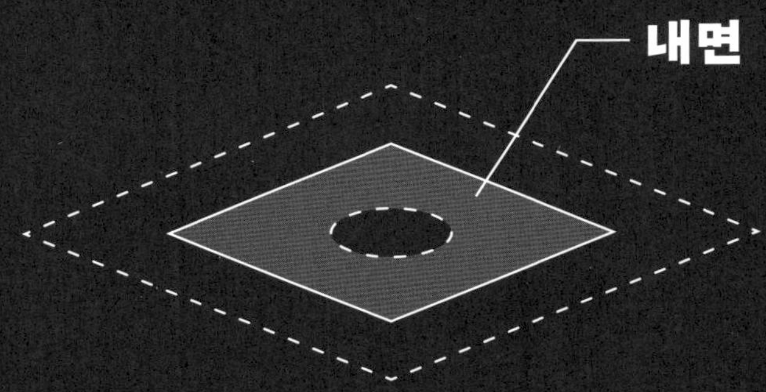

이 과정은 사람으로 따지면
가치관과 철학 등 그 사람의
내면에 해당하는 부분 입니다.
우리 브랜드가 앞으로 누구를
위해서 어떤 도움을 주며
어떤 방향으로 살아가야 될지를
정리하는 구간입니다.

남다름보다는 나다움을 쌓아라

레이어링 1단계, 브랜드의 내면을 설정할 때 가장
먼저 해야 할 일은 남다름이 아니라 나다움을 찾는
것입니다. 많은 자기계발서에서 들었던 내용이라
식상하게 들릴 수 있습니다. 하지만 이 시작은
브랜드만의 차별점을 만드는 가장 좋은 방법입니다.

남들과 '다른' 브랜드를 만들고 싶다면, 역설적으로
처음부터 남과의 비교에서 출발하는 생각에서
벗어나는 것이 좋습니다. '남들과 다르게 해야지.'라는
마음은 언뜻 그럴듯해 보이지만, 사실 출발점부터
기준을 남에게 두는 일입니다. 뇌는 부정을 잘
인식하지 못한다고 하죠. "코끼리를 생각하지

마세요."라고 말하는 순간 이미 코끼리를 떠올리는 것처럼요. '저 브랜드처럼은 안 해야지.'라고 생각하는 순간, 이미 그 브랜드를 기준으로 삼고 있는 것입니다.

물론 시장 조사와 레퍼런스 리서치는 필요합니다. 지금 이 시장에 어떤 플레이어들이 있고, 어떤 방식으로 브랜딩을 하고 있는지 파악하는 것은 기본입니다. 하지만 특정 브랜드를 롤모델로 정해 그 틀 안에서만 고민하기 시작하면 결국 그 브랜드와 비슷한 지점을 향하게 되기 쉽습니다.

'남다름'은 남을 기준으로 하지만, '나다움'은 나를 기준으로 합니다. 레이어링의 첫 단계는 바로 이 '나다움'에서 출발합니다.

평범한 나의 이야기를 브랜딩하는 법

브랜딩의 방향을 잡을 때 필요한 것은 '남들과 다른 아이디어'를 억지로 짜내는 것이 아니라, '내가 어떤 사람인지'를 정직하게 들여다보는 일입니다. 남에게서 힌트를 찾기보다 나에게서 실마리를 찾으려는 태도가 중요합니다.

파타고니아의 창업자 이본 쉬나드의 이야기는 이를 잘 보여줍니다. 그는 원래 암벽 등반가이자 대장장이였습니다. 바위에 정(피톤)을 박아 오르는 클라이머였고, 그 경험을 바탕으로 '쉬나드

이큅먼트'라는 클라이밍 장비 회사를 운영했습니다. 그러던 어느 날, 자신이 사랑하는 자연을 스스로 훼손하고 있다는 사실을 깨닫습니다.

　그는 과감하게 기존 제품 재고를 모두 폐기하고, 바위를 새로 깨지 않고도 사용할 수 있는 장비를 개발했습니다. 이미 벌어진 틈에 끼워 쓰는 장비를 만들고, '클린 클라이밍'이라는 이름으로 자연을 훼손하지 않는 등반 캠페인을 펼쳤습니다.

　이 선택은 단기적으로는 손해처럼 보였을지 모릅니다. 조금 더 팔고 접어도 되었을 것이고, 이미 생산된 제품만이라도 다 팔 수 있었을 것입니다. 하지만 그랬다면 지금의 파타고니아가 탄생하지 않았을 가능성이 큽니다. 이본 쉬나드는 자신에게 가장 중요한 가치(자연에서의 삶)가 무엇인지 끝까지 따라갔습니다. 산을 오르고, 파도를 타는 자신의 가장 행복한 순간이 지구가 건강할 때만 가능하다는 사실을 뼈저리게 느꼈기 때문입니다.

　그는 결국 파타고니아의 존재 이유를 '돈을 버는 것'이 아니라 '지구를 지키는 것'으로 정의합니다. 사업은 그 목표를 이루기 위한 수단일 뿐이라고 말하죠. 2022년, 파타고니아는 수조 원대로 평가받는 회사를 통째로 환경 관련 트러스트와 비영리 단체에 넘겼습니다. 대부분의 기업이 기부를 위해 지분을 팔고 현금을 마련해 재단을 만들지만, 파타고니아는 회사 자체를 구조적으로 '지구를 위한 도구'로 바꿔버린 것입니다.

환경을 말하는 브랜드는 많지만, 이런 결정을 할 수 있는 브랜드는 거의 없습니다. 이본 쉬나드가 자신의 삶과 가치에서 출발해 방향을 분명히 세웠기 때문에 가능한 일이었습니다. 그 결과 파타고니아는 '이 자켓을 사지 마세요' 캠페인처럼, 수익보다 철학을 우선하는 행보를 보여줄 때마다 "역시 파타고니아답다."라는 반응을 얻습니다. '파타고니아다움'이 더욱 강하게 각인되는 것이죠.

중요한 것은, 이 모든 것이 거창한 전략 회의실이 아니라, 한 개인의 경험과 질문에서 출발했다는 점입니다. 우리가 알고 있는 글로벌한 브랜드의 시작을 살펴보면 굉장히 사소하고 단순합니다. 중요한 것은 '내가 어떤 가치를 중요하게 여기는지'를 찾아야 한다는 것이죠. 누구에게나 그런 순간이 있습니다. 파타고니아의 이본 쉬나드가 자신이 깨뜨린 바위를 보며 내가 환경을 정말 중요하게 생각하고 사랑하는지 알게 된 것처럼 말이죠.

브랜드의 방향은 한 사람의 개인적인 이야기에서 출발하는 편이 더 좋습니다. 물론 그 비전과 꿈을 현실로 만들기 위해서는 팀과 자본, 시스템이 필요합니다. 하지만 '씨앗'을 뿌리는 일은 결국 한 사람의 몫입니다. '나는 어떤 세상을 보고 싶고, 그 안에서 어떤 역할을 하고 싶은가?'라는 질문에서 시작됩니다.

여기까지 읽으면 이런 고민이 들 수 있습니다.

'나는 특별한 경험도 없는데, 내 이야기가 과연 브랜드의 출발점이 될 수 있을까?'

하지만 분명한 사실이 하나 있습니다. 당신과 완전히 동일한 삶을 산 사람은 단 한 명도 없습니다. 내 삶이 화려하지 않을 수는 있지만, 유일하다는 사실은 변하지 않습니다. 세상에는 수많은 브랜드들이 쏟아져 나옵니다. 아마도 시간이 지날수록 그 양은 더 많아지게 되겠죠. 문제는 '특별함'이 아니라 '자각'입니다. 나를 잘 모르는 상태에서 억지로 남다른 브랜드를 만들려 애쓰는 것보다, 내 경험과 내 강점을 이해하려는 시도가 먼저 필요합니다.

나만의 맥락을 찾을 수 있는 질문들

아직 내가 무엇을 잘하는지, 어떤 일을 할 때 살아난다고 느끼는지 모를 수 있습니다. 그 시기에 꼭 해야 할 일은 '당장 브랜드를 런칭하는 것'이 아니라, '내가 누구인지 알기 위한 다양한 시도'일 수도 있습니다. 물론 작은 브랜드 시도를 해보는 과정에서 나를 발견하는 경우도 있습니다.

　다만 이때는 모든 것을 걸고 승부를 보겠다는 마음으로 뛰어드는 것보다, 가볍게 여러 실험을 해보는 편이 더 건강합니다. 해보지 않았던 일에 도전해보고, 전혀 다른 환경에 몸을 던져보며, '생각보다 내가 이걸 잘하네?'라고 느껴지는 지점을 찾는 것이 중요합니다.

　갤럽의 강점 검사는 강점을 이렇게 설명합니다.

　'강점: 많은 노력을 들이지 않아도 비교적 자연스럽게 잘할 수 있는 것.'

　남들이 보기에는 대단해 보이지 않을 수 있지만, 남들은 10의 에너지를 써야 하는 일을 나는 3 정도의 에너지로 할 수 있다면, 그게 바로 강점의 단서입니다.

　예를 들어, 어떤 사람은 타인의 이야기를 듣고 공감해주는 일이 크게 힘들지 않습니다. 반대로 어떤 사람에게는 그것이 상당한 에너지를 소모하는 일일 수 있습니다. 공감 능력이 상위 강점인 사람에게는 '그냥 하는 것'이지만, 그 자연스러움이 바로 강점입니다. 브랜드의 방향을 정할 때, 이런 개인적 강점과 경험에서 출발하면 좋습니다.

　아래 질문들에 대한 답을 모아보면, 브랜드의 방향을 잡을 때 참고해야 할 나만의 맥락이 보입니다.

나는 어떤 상황에서 에너지가 가장 많이
살아나는가?
나는 어떤 일을 할 때 시간이 빨리 가는가?
내가 남들보다 적은 노력으로 더 좋은 결과를 내는
지점이 어디인가?

　브랜드의 방향을 잡는 일은 거창한 미션 문구를
만드는 작업이 아닙니다. '남과 다르게 보이기 위해
무엇을 할까?'보다 '나는 어떤 사람이고, 무엇을
중요하게 여겨왔는가?'를 깊게 묻는 과정입니다.
브랜드는 결국 사람에서 시작합니다. 그리고 그
사람의 삶에서 나온 가장 개인적인 이야기야말로,
가장 단단한 방향이 됩니다.

발명하기보다 발견하라

많은 클라이언트를 만나 인터뷰를 하다 보면 이런 말을 자주 듣습니다.

"세상에 없는 것을 만들고 싶습니다."

이 문장에는 분명 멋진 포부가 담겨 있습니다. 대표의 꿈의 크기가 사업의 크기를 어느 정도 대변하는 것도 사실입니다. 다만 문제는, 종종 '나에게 전혀 없는 것'을 억지로 만들려고 할 때 생깁니다.

앞선 장에서 이야기했듯, 브랜드의 시작은 '나'에서 출발하는 편이 좋습니다. 세상에 없는 무언가를 만들겠다는 열망 자체는 괜찮지만, 지금까지의 삶과 전혀 상관없는 영역에 갑자기 뛰어드는 것은 많은

리스크를 동반하죠. 잘못하면 그저 유행하는 트렌드를 쫓게 될 수도 있습니다. 지금은 좋아 보이지만 1~2년만 지나도 시대에 뒤처지는 브랜드가 될 수도 있습니다.

중요한 것은 '발명'이 아니라 '발견'이라는 관점입니다. 완전히 새로운 것을 억지로 만들어내기보다, 그동안 내가 경험해온 것들 중에서 무엇을 더 잘할 수 있고, 무엇을 깊이 이해하고 있는지 찾아보는 일입니다. 이 과정이 결국 유일무이한 나만의 브랜드로 이어지는 실마리가 됩니다.

새로움이 아닌 나로부터 시작할 것

겉으로 보기엔 똑같이 '무언가를 만든다'는 행위이지만, 관점이 다릅니다. '전혀 새로운 것을 발명해야 한다!'가 아니라 '내가 만들 수 있는 브랜드를 발견해본다.'는 태도로 시작하는 것입니다.

빠르게 제품을 만들어 판매하고, 즉시 수익을 내고 싶은 분에게는 이런 접근이 다소 느리게 느껴질 수 있습니다. '지금 당장 돈을 벌어야 하는데, 이런 고민이 무슨 소용이야?'라고 생각할 수도 있습니다.

하지만 여기서 다루고 있는 것은 단순한 '제품 판매'가 아니라 '브랜드'입니다. 브랜드가 된다는 것은 긴 시간을 필요로 합니다. 오늘 만들고 내일

없어지는 것이 아니라, 수년 동안 쌓여야 하는 이름과 기억입니다. 장기전을 버티려면, 그 일을 계속할 이유가 남들 말이 아니라 '나 자신에게서' 나와야 합니다. 그래야 어려운 시기가 와도 버틸 수 있습니다.

문제는, 나에게서 이유를 찾는 일이 생각보다 쉽지 않다는 점입니다. 많은 사람들이 "나에게 중요한 게 뭘까요?", "나는 뭘 좋아하는지 모르겠어요."라고 말합니다. 그래서 레이어링 1단계에서는 '발견'을 위한 도구로서 질문을 사용하는 것이 중요합니다.

끊임없이 '왜'를 묻는 연습

브랜드의 방향을 찾을 때 가장 좋은 방법 중 하나는 아주 단순합니다. 끊임없이 '왜(why)?'라는 질문을 던지는 것입니다. 4~5살 아이가 부모에게 던지는 질문을 떠올려보면 이해하기 쉽습니다.

"밥이 맛없어. 왜 밥을 먹어야 돼?"

"밥을 잘 먹어야 튼튼해지고, 키가 많이 크고 건강해지지."

"왜 건강해져야 해?"

"몸과 마음이 건강해야 친구들과 만나 재미있게 놀 수도 있지?"

"왜 친구들과 재미있게 놀아야 해?"

"친구들과 즐거운 시간을 보내는 게 사람에게 정말

중요하거든."

끝도 없이 이어지는 '왜'의 연속에 부모는 때로 지치지만, 답을 이어가다 보면 뜻밖에도 철학적인 지점까지 도달하게 됩니다. 밥을 잘 먹이려던 이야기가 사람 사이의 관계 속 행복에 대한 이야기로 흘러가죠. '그래. 왜 그런 거지?' 하고 스스로에게도 되묻게 됩니다. 브랜드의 방향을 찾을 때도 이와 같은 방식이 필요합니다.

이렇게 계속 물어 들어가다 보면 어느 순간 '아, 내가 정말 중요하게 여기는 건 이거구나' 하는 지점에 도달합니다. 처음에는 조금 유치해 보일 수 있고, 스스로에게 귀찮게 느껴질 수도 있습니다. 하지만 그 '귀찮음'을 한 번만 통과해보면, 곁에서 빌려온 멋진 문장이 아니라 진짜 나에게서 나온 문장이 남습니다. 그 문장이 바로 브랜드 방향의 씨앗이 됩니다.

간호사를 위한 브랜드를 만들고 싶다.

↓

왜 간호사를 위한 브랜드를
만들고 싶은가?

↓

"간호사 처우와 인식이
개선됐으면 좋겠어서."

↓

왜 그게 내게 중요한가?

↓

"내가 직접 겪어보니 너무 힘들었고,
그 경험이 평생 잊히지 않아서."

↓

왜 그 경험이
아직도 이렇게 선명한가?

레이어링은 '왜?'에서 출발한다

사이먼 시넥의 책 《스타트 위드 와이》가 보여주는 '골든 서클(Why-How-What)'이 좋은 예입니다. 보통 사업하는 사람들은 'What(무엇을 하는가)'부터 시작합니다. 하지만 잘하는 브랜드는 'Why(왜 하는가)'부터 시작하죠.

애플을 보세요. 애플의 Why는 '개인을 혁신하는 것'입니다. 처음 컴퓨터를 만들었지만, 그 뒤 애플 워치, 아이팟 등으로 확장됐습니다. Why가 명확해서 고객들은 '애플 스럽다'고 느끼는 겁니다. 반대로 델은 '합리적인 가격에 적당히 성능 좋은 컴퓨터'라는 What 중심이었습니다. 델이 다른 제품을 만들면 고객도 직원도 "왜?"라고 의아해하죠.

'왜?'를 끊임없이 묻는 것은 디자인 선택을 할 때도 좋은 기준을 만들어줍니다. 디자이너에게 보여준 비주얼이 예쁜가 아닌가만 보면 안 됩니다. '이 디자인은 브랜드에 잘 맞는가?'가 핵심입니다. 어떤 고객 만나고 어떤 비즈니스 할지 최적화된 스타일·방향성을 선택하세요. AI가 예쁜 이미지 만드는 시대, 감각 이전에 전략부터 시작해야 합니다. Why가 잡히면 '브랜드에 잘 맞는가?'에 대한 판단이 쉬워집니다. 대표의 취향이 아니라 이유를 기반으로 디자인을 선택할 수 있게 됩니다.

레이어링은 '왜?'라는 질문에서 출발해 개인 경험을
발견하는 과정입니다. 질문과 답이 쌓이면 독보적
브랜드가 될 것입니다.

나의 과거를 돌아보는 과정

사실 살면서 나의 과거를 천천히 돌아보는 일은 잘
없죠. 이번을 계기로 인생 그래프를 한번 그려봅시다.
나에게 도움이 됐던 일, 혹은 너무 슬프거나 힘들었던
일을 어릴 때부터 시간 순으로 그려봅시다. 사이먼
시넥의 또 다른 책《왜 이 일을 하는가?》에서는
개인의 Why를 찾는 방법을 알려줍니다.

A4용지를 가로 방향으로 펼쳐놓고 가운데 가로선을
그어주세요. 왼쪽이 과거고 오른쪽이 현재입니다.
가로선 위로는 좋았던 일, 아래는 슬펐던 일을
작성합니다.

이 인생 그래프에서는 어떤 사건에 대해 썼다면 그
사건이 나에게 어떤 감정을 주었는지도 작성해봅시다.
이렇게 인생을 돌아보는 과정을 통해 내가 어떤
사건에 어떤 감정을 느꼈는지 되돌아보는 것이죠.
'나에게 정말 중요한 가치'가 무엇인지 찾아보는
겁니다. 내가 이 브랜드를 만들어야 하는 이유를
발견해봅시다.

좋았던 일

과거 ——————————————————— 현재

슬펐던 일

어릴 때 정말 좋아하던 일

뭔가 잘해서 칭찬받았던 일

**정말 하고 싶었는데
어떤 상황 때문에 내려놔야 했던 일**

정말 사랑했던 사람이 떠나갔던 일

대학의 전공을 선택하기 위해 했던 고민

대학 생활에서 가장 도움이 되었던 사람

내 인생을 정말 힘들게 만들었던 사람

취업을 위해 찾아보고 고민했던 회사와 직종

회사에서 가장 행복했던 순간

이루지 못해 너무 아쉽고 힘들었던 사건

정리해보면, 레이어링 1단계 '방향 잡기'에서 기억해야 할 포인트는 이것입니다.

무작정 새로운 것을 발명하려 들지 말 것
내 삶과 경험 속에서 이미 존재하는 단서들을 발견할 것
그 단서를 깊게 파고들기 위해 끊임없이 '왜'를 물을 것

이 과정은 느리고 비효율적으로 보일 수 있지만, 한 번 제대로 통과해두면 이후의 모든 결정에 브랜드 이름, 슬로건, 제품 기획, 캠페인 아이디어에 기준이 생깁니다. 나에게서 출발한 방향은 남의 브랜드와 쉽게 섞이지 않습니다.

레이어링은 결국 '의도된 맥락 위에 경험을 차곡차곡 쌓아가는 일'입니다. 그 맥락의 출발점은 '발명'이 아니라 '발견'입니다. 내가 누구인지, 무엇을 중요하게 여겨왔는지, 왜 이 일을 하려 하는지. 그 답을 찾는 순간, 비로소 첫 번째 레이어가 제대로 놓입니다.

나에 대해 생각했다면 이제는 '누구를 위할지'를 정하는 일입니다. 보통은 '최대한 많은 사람에게 사랑받고 싶다.'고 생각합니다. 부모님, 친구, 모르는 사람까지, 누구나 좋아해주면 좋겠다는 바람은 자연스럽죠. 하지만 이 생각은 브랜드의 정체성을 점점 희미하게 만듭니다.

모두를 만족시키겠다는 목표는 결국 아무도 만족시키지 못하는 애매한 브랜드를 낳습니다. 레이어링의 방향 잡기에서 중요한 것은 좁은 영역을 먼저 타기팅하고, 그 안에서 두드러진 결과를 만드는 것입니다.

모두를 위한 브랜드는 없다

과거에는 '30대 여성'처럼 인구통계학적 분류로 타깃을 잡았습니다. 하지만 이 범주는 너무 넓습니다. 같은 나이·성별이라도 지역, 관심사, 가치관이 다르면 같은 브랜드를 좋아할 리 없습니다. 현대 브랜딩에서는 고객의 가치관과 라이프스타일을 더해 '고객 페르소나'를 그려야 합니다. 한 명의 구체적인 인물을 상상하며 정의하는 작업입니다.

예를 들어 룰루레몬의 창업자 칩 윌슨은 '오션(Ocean)'이라는 가상의 인물을 만들어냈습니다. 오른쪽 표를 함께 볼까요? 칩 윌슨은 "31세도 아니고 33세도 아니고 정확히 32세만을 위한다."고 말한 적이 있죠. 20대 여성은 32세 전문직 여성의 라이프스타일을 동경하고, 40대 여성은 다시 32세의 활기찼던 모습으로 돌아가고 싶어 하기 때문입니다.

이렇게 연령을 제한하고 고객 한 사람의 모습을 선명하게 그려내면, 이제 우리 모두 같은 곳을 바라볼 수 있게 됩니다. 우리 고객이 누구인지 이제야 알 수 있게 된 것이죠. 고객의 연령대나 가치관을 너무 넓고 모호하게 설정하면 브랜드가 무엇을 해야 하는지, 고객이 어떤 문제를 겪고 있는지 알 수 없게 됩니다.

하지만 이렇게 한 명의 사람이 그려지면, 그 사람을 만족시키기 위해 필요한 제품·서비스가 선명해집니다.

그 고객이 "너도 이걸 좋아할 거야."라며 비슷한
친구에게 소개하기 쉽습니다. 반대로 '모두를 위한
브랜드'는 누구도 제대로 만족시키지 못하고,
소개조차 어렵습니다. '이 브랜드가 뭐 하는
곳이지?'라는 의문만 남기죠.

룰루레몬의 페르소나 '오션'

이름	오션(Ocean)
나이	32세
결혼 여부	미혼(하지만 약혼했거나 파트너가 있을 수 있음)
경제력	연봉 약 10만 달러(약 1억 원 이상) 수준의 전문직
자기계발	자신의 전문 분야에서 성공했으며, 끊임없이 배우고 성장하려는 욕구가 강함
건강	하루에 한 시간씩 운동(요가, 러닝 등)을 하며 건강한 식단을 유지함
주거	자신만의 콘도(아파트)를 소유하고 있음
여행	여행을 즐기며 트렌디하면서도 질리지 않는 고품질의 브랜드를 선호함
패션	유행을 쫓기보다 기능적이면서도 세련된 스타일을 추구함(한 번 사서 오래 입을 수 있는 옷)

좁은 영역이 주는 힘

좁은 타겟팅은 브랜드 아이덴티티를 개성 있게 만듭니다. 초반에 강렬한 이미지를 각인시킨 후, 그 이미지를 기반으로 확장할 수 있습니다. 물론 개성이 너무 강하면 확장의 걸림돌이 될 수 있지만, 애매한 이미지보다 훨씬 낫습니다.

좁게 시작해야 넓힐 수 있습니다. 나이키는 처음 운동선수들을 타깃으로 했고, 애플은 크리에이터와 테크 애호가를 공략했습니다. 모두 좁은 영역에서 압도적 사랑을 받은 후 확장됐습니다. 어쩌면 '좋았기 때문에' 더 효과적이었을지도 모릅니다.

아빠가 자신의 자녀를 위해 만든 뷰티 브랜드 '파파레서피'는 처음 딸의 아토피 피부염을 해결하기 위해 시작했습니다. 어릴 적부터 화장품에 관심 많던 김한균 대표는 다양한 경험 후 아토피라는 좁은 영역을 타깃으로 결심했죠.

당시 시중 화장품 성분을 불신하던 부모들에게 '아빠가 딸을 위해 직접 만든 화장품'이라는 강력한 스토리텔링으로 다가갔습니다.

이 강력한 아이덴티티를 바탕으로 이후 성분에 민감한 성인 여성과 트러블 고민 젊은 층으로 타깃을 확장했습니다. '봄비 꿀단지 마스크팩' 대히트로 초기 니치 마켓(아토피, 민감성)에서 2030 여성층으로 고객군을 넓혔죠.

레이어링의 방향 잡기에서 좁은 영역 타기팅은 필수입니다. 브랜드 색깔이 명확히 기억될 때까지 포기하지 말고 유지하세요.

누구에게 가장 먼저, 가장 강하게 각인될 것인가?
그 사람을 100% 만족시킬 수 있는가?

이 질문으로 타깃을 좁히면, 레이어링 2단계인 '컨셉 잡기'로 자연스럽게 이어집니다. 좁게 시작해야 넓어질 수 있습니다.

고객들의 어떤 문제를 해결해줄 것인가

고객 페르소나를 세밀하게 잡으면 그 사람이 어떤 사람인지 머릿속으로 그려지게 됩니다. 그러고 나서 그 고객들이 갖고 있는 문제가 무엇인지를 정의해야 합니다. 고객이 누구인지, 그리고 그 고객이 어떤 문제를 갖고 있는지가 명확히 정의가 내려진다면 어떻게 해결하면 좋을지에 대한 아이디어는 술술 나올 수도 있습니다. 하지만 문제 자체를 잘못 정의한다면 우리가 주려는 해결책이 별 의미가 없을 수 있겠죠?

우리 고객의 문제점을 파악하기 위해서는 다양한 방법들이 존재합니다. 가장 먼저는 설문조사나 인터뷰를 통해서 타깃 고객 그룹에게 이야기를 직접 듣는 방법입니다. 물론 이 방법이 유효한 문제를 찾아내기도 하지만, 사실 직접 듣는 것만으로 고객의 문제를 정확히 집어내기는 어렵습니다. 'FGI(Focus Group Interview)'를 실제로 진행해보면 옆 사람이 어떻게 이야기했는지, 그 당시의 분위기는 어떠한지에 따라서 대답이 충분히 달라질 수 있습니다.

자동차 왕 헨리 포드는 이렇게 말했습니다.

"만약 내가 소비자들에게 뭘 원하느냐고 물었더라면 아마도 '더 빨리 달리는 말'이란 대답을 들었을 것이다."

이것은 고객들이 본인이 필요한 것을 생각해서 말하기는 쉽지 않다는 것입니다. 마차를 타고 다니던 사람에게 아무리 물어도 '자동차'라는 것을 생각하기는 어렵습니다.

그래서 또 다른 방법으로는 직접 그 고객이 되어 상황을 겪어보는 방법이 있습니다. 미국 저명한 디자인 그룹 IDEO는 한 프로젝트에서 응급실 경험을 개선하고 싶다는 문의를 받았고, 도대체 무엇이 문제인지 문제점을 찾아야 했습니다. 이렇게 저렇게 생각하는 것보다 가장 확실히 알 수 있는 방법은 본인이 응급 환자가 되어보는 것이었습니다. 환자의 역할을 할 사람이 가슴에 카메라를 달고 기존 응급실 프로세스를 모두 겪어보고, 그것들을 환자의 시선에서 기록한 것입니다.

　여기서 가장 중요한 것은 바로 '공감'입니다. 고객이 느끼는 불편함을 공감할 수 있어야 합니다. 진정으로 공감한다는 것은 내가 그것을 겪어봤을 때 가능합니다. 누군가가 자신의 삶의 어려움을 이야기했을 때 내가 그 상황을 겪어봤다면 자연스럽게 그 이야기에 공감할 수 있지만, 겪어본 적이 없다면 그냥 머리로 이해만 하고 기계적으로 공감할 수밖에 없는 것이죠. 어떤 방법을 쓰더라도 고객들이 말로는 표현할 수 없는 '잠재적 욕구'를 찾아내는 것이 중요합니다.

　이럴 때 내 주변 사람 중에 내가 도와주고 싶은 사람은 누구이며 어떤 문제를 갖고 있는지 살펴보는 것도 좋습니다. 제 주변에는 많은 사업가들이 있습니다. 디자이너도 있고, 뮤지션도 많습니다. 저는 이들과 지내는 것을 좋아하고 함께하는 시간이 행복합니다. 그런데 이들을 잘 살펴보니, 한 가지 공통점이 있었습니다. 이들은 항상 새로운 것을 만들고 시도하는 사람들이었죠. 그런데 이 사람들 중에 꽤 많은 사람들이 수면에 대한 문제를 갖고 있습니다.

　가장 가까운 제 아내도 정말 개운하게 "잘 잤다!"라는 말을 잘 하지 못합니다. 항상 잠을 설치죠.

그렇게 부족해진 잠은 하루를 너무 힘들게 만듭니다. 아니면 그 부족함을 위해 커피를 마시고 버티기도 하죠. 그런데 그렇게 망가진 패턴은 또 밤에 잠을 설치게 만듭니다.

저는 이런 제 주변에 제가 가장 사랑하는 사람들을 위해 수면 브랜드를 만들고 싶어졌습니다. 이렇게 내 주변 사람들을 위한 무언가를 만든다는 것은 이 사업이 어려워지더라도 버텨낼 수 있는 힘을 줍니다. 그리고 그들이 어떤 문제를 갖고 있는지 빠르게 이해하고 공감할 수도 있죠.

이렇게 자신의 주변을 돌아보세요. 그리고 주변 사람들이 나에게 도움을 요청하는 것이 무엇인지 생각해보세요. 내가 만들게 될 브랜드의 씨앗은 그런 곳에 숨어 있습니다.

단점보다는 특장점을 찾아라

　현재 만들고자 하는 브랜드만이 갖고 있는 특장점이 있나요? 우리의 장점을 나열한 후에 그 장점을 다른 브랜드에 대입했을 때, 그 브랜드에도 이질감 없이 연결된다면 그것은 우리만의 특장점이 아닙니다. 특장점이 없는 브랜드? 런칭해보았자 결과는 불보듯 뻔합니다.

　여기서는 남들에게는 없고 우리에게만 있는 강점을 찾는 것이 중요합니다. 하지만 우리를 어릴 때부터 평균 점수를 올리는 것에 집중하며 살아온 경험이 있습니다. 내가 수학을 잘해서 90점을 맞고, 영어와 국어가 60점을 맞았다면 이를 올리는 것이 평균 점수에 도움이 되죠. 그러다 보니 수학을 더 잘하는 방향보다 영어와 국어를 올려서 평균 점수를 높이는 선택을 해왔던 것이죠.

이것이 사업에도 적용됩니다. 경쟁사를 찾아보고 비교해보고 그들이 갖고 있지만 우리가 없는 무언가를 찾아서 60점짜리를 90점 만들려는 노력을 하게 되죠. 하지만 이런 노력으로 얻을 수 있는 가장 좋은 결과는 결국 경쟁사와 똑같아지는 것입니다. 브랜드는 유일함이 정말 중요합니다. 이 브랜드만이 갖고 있는 유일함을 키워나가야 하는 싸움이죠.

그렇기 때문에 우리는 지금은 미약할 수 있지만, 우리만이 갖고 있는 무언가를 찾아야 합니다. 그것이 기능적인 것일 수도 있고, 감정적인 것일 수도 있습니다. 그리고 그것을 찾기 위해 앞에서 대표님의 과거를 훑어보면서 힌트를 얻을 수 있습니다.

우리만이 고객에게 줄 수 있는 이득을 크게 4가지로 나눠서 정리해보면 좋습니다.

첫 번째는 기능적인 부분입니다.

'이 제품은 제 기능을 완벽하게 수행하는가?'

제품의 핵심 기능, 독보적인 성분, 기술적 우위 등 가장 기본적이면서 강력한 물리적 만족감을 의미합니다.

다이슨이 이런 실용적인 가치를 앞세우죠.
다이슨은 '먼지 봉투 없는 청소기', '날개 없는
선풍기' 등 기존의 불편함을 기술로 해결하며 실용적
가치의 정점을 보여줍니다. '기술이 본질'이라는
내면의 레이어를 강력하게 구축한 뒤, 그에 걸맞은
미래지향적 디자인(외모)을 입혀 실용성이 곧
프리미엄이 되게 만들었습니다.

두 번째는 감정적인 부분입니다.
'이 브랜드를 사용할 때 어떤 기분이 드는가?'
사용자가 브랜드를 경험하는 과정에서
느끼는 즐거움, 위로, 설렘, 평온함 등의 정서적
만족감입니다. 러쉬라는 브랜드가 이런 부분에
강점이 있죠. 러쉬 매장에 들어서는 순간 느껴지는
강렬한 향기, 화려한 색감, 배쓰밤이 물에 퍼지는
시각적 즐거움은 고객에게 '일상 속의 작은 일탈'과
'행복감'을 줍니다. 단순히 '세정력'이라는 실용을
넘어, '즐거운 목욕 시간'이라는 감정적 레이어를 쌓아
고객이 제품이 아닌 '기분'을 구매하게 만들죠.

세 번째는 투영적인 부분입니다.
'이 브랜드를 사용하는 나는 타인에게 어떻게
비춰지는가?'

브랜드가 사용자의 정체성이나 사회적 지위를 대변해주는 역할입니다. '나는 이런 사람이야.'라는 메시지를 전달합니다.

저는 애플을 이런 관점으로 선택하게 된 것 같아요. 애플 제품을 사용하는 것은 단순한 전자기기 사용을 넘어, 사용자가 '창의적이고, 미니멀하며, 세련된 감각을 가진 사람'임을 은연중에 드러냅니다. 'Think Different.'라는 내면의 철학을 일관된 디자인 언어(외모)로 표현함으로써, 고객이 브랜드의 이미지를 자신의 페르소나로 선택하게 만들었습니다.

네 번째는 사회적인 부분입니다.

'이 브랜드를 소비함으로써 세상에 어떤 기여를 할 수 있는가?'

프라이탁은 버려진 트럭 방수포를 가방으로 재탄생시키며 '자원의 선순환'이라는 사회적 가치를 실천합니다. 단순한 업사이클링을 넘어 환경 책임감을 브랜드 뿌리로 삼은 덕분에, 고객은 프라이탁을 메는 것만으로도 지속 가능한 지구를 위한 동참의 자부심과 연대감을 느끼게 되죠.

브랜드의 존재 이유(내면) 자체가 사회적 가치에 닿아 있으며, 이를 실제 행동으로 증명하며 고객과 가장 단단한 신뢰의 레이어를 형성합니다.

고객과의 관계 설정하기

우리가 이렇게 브랜드를 만들기 위해 탄탄하게 구성하려고 하는 이유가 뭘까요? 가장 큰 이유 중 하나는 우리 브랜드를 '한 명의 사람처럼 만들려는 것'이에요. 뒷부분에 브랜드의 외모를 구성하는 파트에서는 우리의 말투나 태도 같은 것도 설정하게 되는데요. 이런 것들이 모여서 결국 이 브랜드를 한 명의 사람으로 느껴지게 만들었을 때 비로소 고객들과 인간적인 관계를 형성할 수 있는 것이죠.

그래서 고객의 페르소나를 만들었듯이 브랜드의 페르소나를 만들어봐야 합니다. 저희는 널핏 프로젝트를 진행하며 설정한 목표 고객 페르소나와 브랜드 페르소나를 이렇게 설정해보았습니다.
목표 고객으로 설정한 이선영 씨(가명)의 단순한
인구통계학적 정보가 아니라, 그녀가 밤마다 느끼는
고단함과 직업적 자부심이라는 '감정의 레이어'를
분석한 것이죠.

널핏의 목표 고객 페르소나 설정하기

이선영 씨		
	누구인가?	서울의 빅5 상급종합병원에 근무하는 27세, 4년 차 현직 간호사
	어떤 하루를 보내는가?	지하철로 20분을 출근해 높은 업무 강도와 대인관계 스트레스에 시달립니다. 다리는 늘 퉁퉁 붓고, 체력적 한계를 느끼며 매너리즘에 빠지기도 하죠.
	무엇을 갈망하는가?	지친 몸을 위해 압박 스타킹과 영양제를 챙겨 먹고, 쉬는 날엔 조용한 문화생활로 보상받고 싶어 합니다. 무엇보다 자신이 돌본 환자가 무사히 퇴원할 때 느끼는 그 '사명감' 하나로 버티는 사람입니다.

nurfit		
	정체성	선영 씨보다 딱 1년 더 일해본 5년 차 동료 간호사
	신념	'건강한 간호사가 환자를 더 건강하게 만든다!'라는 철학을 가지고 있습니다.
	성격	밝고 따뜻한 미소를 잃지 않으며, 지친 동료의 처지에 공감하고 함께 더 나은 방법을 찾아 나가는 든든한 조력자입니다.

이렇게 브랜드에게 '인격'을 부여하는 것이죠. 많은 브랜드가 여기서 실수를 합니다. 고객이 힘들다고 하니 "우리가 좋은 스타킹을 만들었으니 사세요!"라고 외치죠. 선영 씨에게 필요한 것은 단순한 물건이 아니라, 자신의 마음을 알아주는 '사람'일 텐데 말이죠.

핵심은 '관계'의 레이어링입니다.

자, 이제 이 두 사람이 만난다고 상상해보세요. 이것이 바로 저희가 설계한 '브랜드와 고객 간의 관계

설정'입니다. 단순히 '기업과 소비자'로 만났다면
널핏의 제품은 수많은 압박 스타킹 중 하나에
불과했을 겁니다. 하지만 '지친 4년 차'와 '듬직한
5년 차 선배'로 관계를 설정하는 순간, 모든 경험이
달라집니다.

　선배(브랜드)가 "나도 겪어봐서 알아, 네가 건강해야
해."라고 건네는 위로는 제품의 기능을 넘어선 강력한
정서적 편익이 됩니다. 고객은 널핏을 소비하며 '나를
이해해주는 아군'을 얻었다는 안정감을 느끼게 되죠.

　이것이 제가 말하는 '레이어링'의 정수입니다.
브랜드의 내면(페르소나)을 단단히 쌓고, 그 위에
고객과의 관계라는 레이어를 올리는 것. 그래야만
시간이 흘러도 쉽게 무너지지 않는 팬덤이
형성됩니다.

3부

레이어링 2단계:
컨셉 잡기

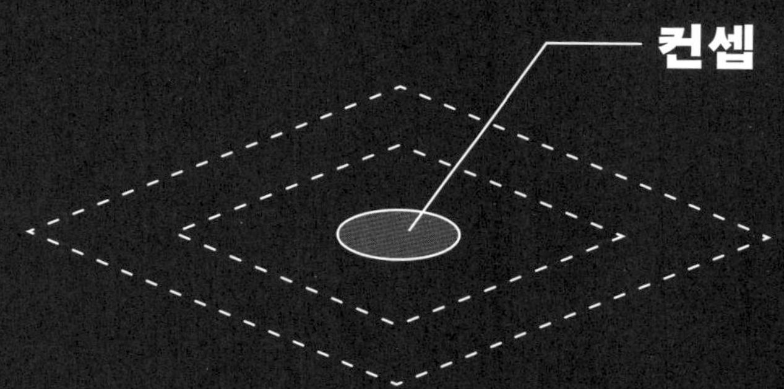

2단계인 '컨셉 잡기'는
브랜드의 성격과 방향을
정교하게 세팅하는 과정입니다.
복잡한 이야기 속에서 핵심
한 줄을 뽑아내고, 그 한 줄이
브랜드의 얼굴이 되도록 만드는
단계이기도 합니다.

브랜드의 내면과 외면을 관통하는 컨셉

많은 창업자가 컨셉을 잡으라고 하면 '세상에 없던 기발한 것'을 떠올려야 한다는 강박에 빠집니다. 하지만 컨셉은 만드는 게 아니라, 이미 내면에 존재하는 파편들을 하나의 일관된 맥락으로 '번역(Translation)'하는 데 가깝습니다.

기호학자 페르디낭 드 소쉬르(Ferdinand de Saussure)는 의미 단위를 '기표(시니피앙)'와 '기의(시니피에)'로 나눴습니다. 브랜딩으로 치면 '기의'는 우리가 2장에서 정리한 레이어링 1단계, 브랜드 내면입니다. '기표'는 4부에서 설명할 레이어링 3단계, 브랜드의 외모입니다. 컨셉은 이

둘을 잇는 '의미의 고리'죠. 내면에 숨겨진 철학이 아무리 고결해도 고객이 이해할 컨셉 그릇에 담지 못하면 브랜드는 '혼잣말'에 그치고 맙니다.

그래서 컨셉은 브랜드의 척추 역할을 합니다. 내면을 기준으로 외모를 가꾸게 해주고, 고객 관계를 쌓는 기준이 되죠. DE'FINE(드파인) 프리미엄 아파트 브랜드는 아파트 안에서 펼쳐지는 다양한 삶의 모습을 '라이프 스펙트럼(Life Spectrum)' 컨셉으로 표현했습니다. 프리즘을 매개로 빛이 뻗어나가는 그래픽 모티브를 만들고, 이를 모든 경험 요소에 일관되게 적용했죠.

하지만 고객은 컨셉을 보고 사지 않습니다. 제품·서비스를 경험하며 구매하죠. 컨셉이 있어야 경험을 일관되게 구성해 브랜드 기억이 쌓입니다. 그럼 컨셉을 어떻게 잡아야 할까요? 이제부터 레이어링 2단계, 컨셉 잡는 법에 대해 이야기하겠습니다.

브랜드의 핵심 가치 세우기

볼보는 '안전', 애플은 '혁신', 레드불은 '도전',
파타고니아는 '환경'. 이렇게 고객이 브랜드를 떠올릴
때 하나의 키워드가 자연스럽게 연상된다면 브랜딩
성공입니다. 앞서 레이어링 1단계 내면을 정리하면서
나온 내용들을 바탕으로, 우리 브랜드가 세상에
태어나 고객을 만나가는 동안 절대 놓치지 말아야 할
가치를 찾아내야 합니다.

파타고니아의 레이어링 전략

이본 쉬나드는 암벽 등반을 좋아하던 대장장이로,
처음에는 피톤 장비를 팔았습니다. 그런데 어느 날

자신들이 만드는 피톤이 바위를 깨뜨리고 자연을 훼손한다는 걸 깨달았죠. 이를 기점으로 이본 쉬나드는 기존에 팔고 있던 피톤을 전량 폐기합니다. 대신 암벽에 손상을 주지 않는 초크를 만들어서 판매하기 시작했습니다. 그러면서 클린 클라이밍 캠페인을 펼쳤죠.

보통 브랜드가 갖게 되는 이런 중요한 가치는 창업자의 경험에서 나오는 경우가 많습니다. 그리고 누구나 자신에게 중요한 가치를 하나쯤은 갖고 있죠. 물론 시대의 흐름 속에 유행이라는 것이 있기도 하지만, 결국 그 유행을 브랜드의 가치로 선택한 사람과 자신의 과거 경험 안에서 가치를 선택한 사람은 5년, 10년 뒤에 다른 결과를 얻게 됩니다.

요즘에는 꽤 많은 브랜드들이 환경을 생각하고 사람의 건강을 생각하는 추세입니다. 너무나도 긍정적이고 좋은 흐름이라고 생각하지만, 결국 오랫동안 남게 되는 브랜드들은 창업자의 공고한 신념과 철학이 연결되어 있어야 합니다. 이본 쉬나드는 세상 사람들이 그런 것들을 중요하게 생각하기 이전부터 그런 것들을 중요하게 생각했었고, 오랫동안 같은 이야기를 레이어링 해왔습니다. 그래서 사람들은 파타고니아의 진정성을 인정하고 있죠.

1~3가지의 가치에만 집중하라

핵심 가치를 1~3개로 추려내는 과정은 인지적인 측면에서도 도움이 됩니다. 인간의 기억은 개별적인 정보가 독립적으로 저장되는 것이 아니라, 수많은 노드와 그들을 연결하는 링크의 네트워크로 구성되는데요. 브랜드는 소비자의 뇌 속에서 물리적 실체가 아닌 특정 연상들과 연결된 하나의 중심 노드로 존재한다고 합니다.

예를 들어, 소비자가 볼보라는 브랜드를 떠올릴 때, 뇌의 신경 경로는 즉각적으로 '안전(Safety)'이라는 노드로 발화하게 되는 것이죠. 애플을 생각하면 '혁신(Innovation)', '디자인(Design)', '창의성(Creativity)'으로 연결됩니다. 이러한 강력한 연결은 우연의 산물이 아니라 수십 년간 브랜드가 제공한 모든 경험의 레이어를 쌓아온 결과입니다.

반면, 브랜드가 욕심을 내어 "우리는 럭셔리하면서도 가성비가 좋고, 빠르면서도 환경 친화적이고, 전통적이면서도 혁신적이다."라고 주장하려 한다면, 소비자의 뇌 속 네트워크는 혼란에 빠집니다. 상충되는 신호들은 서로를 상쇄시키고, 결과적으로 어떤 노드와도 강력하게 연결되지 못한 채 기억의 저편으로 사라지게 됩니다. 이것이 바로 레이어링 관점에서 핵심 가치를 1~3가지에 집중해야 하는 이유입니다.

그래서 결론적으로는 강력한 핵심 가치 1가지로 추리는 것을 목표로 하는 것이 좋습니다. 하지만 하나의 핵심 가치를 선점하는 것이 쉬운 일은 아니죠. 이미 동종 업계에서 그 위치를 잡고 있는 대형 브랜드가 있을 수도 있고요. 그래서 처음에는 2~3가지의 핵심 가치를 선정하여 그 가치를 담는 것으로 차별화는 것도 방법입니다.

만약 자동차 브랜드를 런칭한다고 가정해보겠습니다. 이때 '안전'이라는 하나의 핵심 가치를 선정하면 볼보라는 거대한 브랜드와 싸워야 하지만, '안전'이라는 가치와 함께 '세련된 디자인' 혹은 '혁신적인 기술력' 등의 가치를 더하게 된다면 볼보와는 또 다른 정체성을 구축하는 데 도움이 되는 것이지요. 하지만 3개 이상의 핵심 가치를 선정한다면 한정된 리소스로 그 가치를 구현해내기 어렵고, 결국 고객들의 기억 속에 희미하게 남게 될 것입니다

브랜드의 비전과 미션은 꼭 필요할까?

결국 우리가 지금 갖고 가야 할 컨셉은 우리의 목표와 관련되어 있습니다. 우리 브랜드를 어디까지 키울 것인가? 고객들의 어떤 부분까지 책임질 것인가에 대한 종착지가 있어야 오랫동안 끌고 갈 수 있는 컨셉을 잡을 수 있죠. 비전이 이 역할을 합니다.

비전	미션
우리 브랜드를 어디까지 키울 것인가?	비전을 이루기 위해 현재 어떻게 사업을 할 것인가?

'사업은 수단일 뿐, 목적은 지구를 지키는 것이다.'
파타고니아라는 브랜드의 비전은 '지구를 지키는 것'이고요. 미션은 '그 비전을 이루기 위해 현재 어떻게 사업을 할 것인가?'인 것이죠. 이 브랜드는 매출의 1%를 지구세라는 명목으로 사회에 기부해왔고요. 환경 파괴적인 네오프렌 소재를 대체하기 위해 헌연 고무 기반의 '유렉스(Yulex)' 소재를 개발했죠. 이런 기술은 독점하지 않고 다른 곳에서도 활용할 수 있도록 개방했고요.

옷을 사지 말고 입던 옷을 다시 수선해서 입으라는 캠페인은 워낙 유명했었죠. 누군가는 마케팅을 위해 가짜로 메시지를 던지는 것이라고 이야기하기도 했었지만, 자사 제품이 아닌 다른 제품을 갖고 가도 수선을 해주기도 하죠. 이 모든 행동들이 브랜드의 비전에 근거해서 결정이 된 것이죠.

글로벌 디자인 어워드인 '아시아 디자인 프라이즈'는 10주년을 맞이하여 디자인 어워드를 넘어 아시아와 세계를 연결하는 글로벌 플랫폼이 되겠다는 비전을 선포했는데요. 그래서 '어떤 미션을 수행해야 하는가?'라는 것을 고민했을 때, 아시아의 디자인 유산을 알리기 위한 매거진을 신설했습니다. 그리고 그런 비전을 알리기 위해서 로고부터 컬러, 폰트 등 모든 정체성을 새롭게 개발했고, 작품을 출품하고,

심사하고, 콘텐츠를 소비할 수 있는 웹사이트를
리뉴얼 했죠.

그런데 모든 초기 브랜드에 이런 엄청난 미션이
필요할까요? 사실 파타고니아의 시작에는 이런
미션은 없었습니다. 앞에서 말한 것처럼 이본
쉬나드가 바위가 깨져있는 것을 목격하면서 찾게 된
것이죠.

'나에게 정말 중요한 가치가 무엇인가?'

바로 이것을 깨닫는 순간을 만나야 합니다.
브랜드를 시작할 때 엄청난 미션이 없었더라도,
언젠가는 미션을 찾겠다는 생각으로 고민해야
합니다. 브랜드가 되어 많은 사람들의 마음속에
깊이 자리 잡고 싶다면 브랜드를 만들어가는 중에
계속 고민해봐야 할 부분입니다. 이미 브랜드를
런칭했더라도 괜찮습니다. 파타고니아도, 애플도,
시작부터 비전이 확고했던 것은 아닙니다.

브랜드가 성장하고 구성원들이 늘어가게 된다면,
브랜드의 비전과 미션은 나의 꿈을 정리하는 것을
넘어서 이 브랜드를 함께 만들어갈 구성원들에게
방향성을 제시하는 역할을 하게 됩니다. 이 미션을
보고 함께 일하고 싶다는 동료가 생길 것이고, 미션에
공감하는 사람들이 함께 브랜드를 만들어가게 될
것입니다. 결국 그런 미션에 공감하는 고객들도 만날

수 있게 되는 것이죠.

　이렇게 모여지는 것을 브랜드 부족이라고도 설명하는데요. 결국 같은 미션에 공감하는 사람들 간의 공동체가 형성되는 겁니다. 비전은 먼 미래의 꿈같은 것이라고 생각하면 어떨까요? 미션은 그 비전을 달성하기 위해서 해야 할 행동들이라고 생각하면 좋습니다.

평범함 속에서
특별한 브랜드 스토리 만들기

내가 아는 브랜드를 누군가에게 소개할 때 어떻게 하시나요? 제품이 갖고 있는 기능적 장점을 설명하기도 하지만, 기능만으로는 누군가를 설득하기에 부족하죠. 그럴 때 그 브랜드가 갖고 있는 특별하고 흥미로운 이야기로 브랜드를 설명하면 쉽게 기억하게 됩니다.

스토리가 있는 브랜드는 더 오래 지속된다

좋은 스토리는 뇌에서 코르티솔(주의 집중)과 옥시토신(공감 및 신뢰)의 분비를 촉진합니다. 이는 브랜드에 대한 유대감을 생물학적으로 강화시킵니다.

사실 정보는 단기 기억에 저장되지만, 스토리는 장기 에피소드 기억에 저장되므로, 스토리가 입혀진 브랜드 레이어는 훨씬 더 오래 지속됩니다.

"오이뮤라는 브랜드가 있는데, 이 브랜드는 오래된 성냥이 없어지는 것이 아쉬워서 그 성냥을 다시 살리고자 시작한 브랜드야. 이 브랜드가 디자인한 성냥을 보면 정말 예쁘거든. 그리고 성냥을 키는 행위 자체가 뭔가 따뜻하고 포근한 느낌이 있잖아. 그러니까 이 브랜드 한번 찾아봐. 너가 좋아할 것 같아."

이렇게 이야기하며 소개하니 브랜드를 제대로 기억하고 공유하더라고요(실제로 인스타그램 조회 수 50만, 네이버클립 조회 수 40만을 넘기기도 했고요). 이렇듯 브랜드를 만들 때는 우리만의 스토리가 필요합니다. 스토리는 사람들의 감정을 건드려서 움직이게 만드는 힘이 있습니다.

오래된 역사를 갖고 있는 브랜드는 그 시간의 축적만으로도 강력한 스토리가 되죠. 기네스라는 브랜드는 1759년에 한 양조장을 계약했었는데, 그 계약 기간이 무려 9,000년이었다고 합니다. 이런 말도 안 되는 계약은 그 당시 그 지역과 그 공간이 얼마나 중요한 의미를 지녔는지를 대변하는 사건이었죠. 그리고 그때부터 지금까지 그 시간의

축적이 쌓여 가면서 브랜드의 진정성과 역사성을
보여주는 스토리의 근간이 되었고요. 그 당시
작성했던 그 계약서는 현재도 기네스 스토어하우스
바닥 유리에 보관이 되어서 방문객들에게 브랜드의
유산으로 보여주고 있다고 합니다. 시간이 더
레이어링 될 수록 이 이야기의 가치는 더욱더
강력해지게 되죠.

브랜드 스토리 만드는 법

하지만, 평범한 우리가 기네스처럼 특별한
히스토리를 가지고 시작할 수는 없잖아요. 고객과
우리 브랜드와의 관계를 활용해서 스토리를
만들기도 합니다. 가장 널리 알려진 좋은 방법 하나
알려드릴게요.

도널드 밀러의 《무기가 되는 스토리》에서는
7단계에 걸쳐서 브랜드의 스토리를 만드는 법을
알려줍니다. 핵심은 우리의 고객이 주인공이 되고,
그 주인공이 난관에 봉착했을 때 브랜드가 그것을
도와주는 지혜로운 가이드가 되는 것입니다.

주인공 (Character)	브랜드가 아니라 '고객'이 이야기의 주인공입니다. 고객이 진정으로 원하는 것이 무엇인지 정의하는 것에서 스토리가 시작되죠.
난관에 봉착 (Problem)	주인공은 문제를 겪습니다. 이는 외부적 불편함(품질), 내부적 좌절감(감정), 철학적 부조리(옳지 못한 상황)로 나누어 입체적으로 분석할 필요가 있고요.
가이드를 만남 (Guide)	브랜드는 주인공의 문제를 해결해 줄 지혜로운 가이드로 등장하게 되고요. 가이드는 고객의 고통에 공감(Empathy)하고, 이를 해결할 실력(Authority)이 있음을 증명해야 합니다.
계획을 제시 (Plan)	고객이 혼란을 느끼지 않도록 3~4단계의 명확한 행동 지침을 제공해야 합니다. 이것들로 구매 과정의 불확실성을 제거하게 되는 것이죠.
행동을 촉구 (Call to Action)	직접적인 구매 요청(Direct CTA)과 관계 유지를 위한 제안(Transitional CTA)을 통해 고객을 움직이게 만들고요.
실패를 회피 (Avoid Failure)	브랜드를 선택하지 않았을 때 고객이 겪게 될 부정적인 결말을 상기시켜 긴장감을 유도합니다.
성공으로 마무리 (Success)	브랜드와 함께한 후 주인공의 삶이 어떻게 변화했는지, 해피엔딩의 이미지를 구체적으로 보여줍니다.

물론 모든 브랜드가 이런 구조의 스토리를
활용하기만 하는 것은 아닙니다. 이야기라는 것은
정말 다양한 모습으로 사람들의 입에 오르내립니다.

브랜드 스토리를 만드는 좋은 방법은 김콜베 작가의
저서《브랜드, 결국 이야기다》에서 제시한 'BSA(Brand
Story Architecture)' 구조를 활용하는 것입니다. 이
책에서는 브랜드 스토리를 건축물 설계처럼 구조화할
것을 제안합니다. 네임, 콘셉트, 파사드, 존, 미장센,
바이브라는 여섯 요소로 이야기를 정리하고, 그에
맞는 비주얼과 분위기까지 한 번에 그려낼 수 있어요.

바샤 커피라는 브랜드는 1910년에 시작한 것 같은
비주얼로 사람들을 매료시키는데요. 그리고 브랜드
로고에도 '1910'이라는 숫자가 떡하니 박혀 있어서
그때부터 시작된 브랜드인가보다 하는 생각이 들게
마련입니다. 하지만 이 숫자는 바샤 커피가 시작된
해가 아니고요. 모로코의 유명 커피하우스인 '다
앨 바샤 팰리스'가 지어진 연도예요. 바샤 커피는
이곳에서 영감을 얻어 브랜드를 만들었다는 이유로
브랜드 로고 위에 이 숫자를 넣었죠. 바샤 커피가
실제로 만들어진 연도는 2019년이었고요.

이런 브랜드 스토리도 좋은 것인지 묻는다면, 사실
저는 딱히 좋은 예라고 생각하진 않습니다. 하지만
바샤 커피는 이런 스토리를 담기 위한 스타일링에도

많은 신경을 쓰고 있고 가격도 꽤 높은 브랜드이지요. 커피의 맛이나 오래된 역사는 없지만 스토리와 컨셉을 잡고 그렇게 느껴지게 만들어가는 능력은 탁월하다고 생각합니다. 한편으로는 이렇게 논란을 만들어내는 것도 요즘 같은 시대에는 필요한 부분이기도 하고요.

브랜드 스토리는 사람들이 브랜드를 설명할 때 정말 유용한 역할을 합니다. 발 없는 말이 천리간다고 하잖아요. 좋은 스토리를 품고 있는 브랜드는 널리 널리 입소문이 나며 퍼질 수 있습니다. 요즘 같은 시대에는 그런 흥미로운 스토리가 바로 콘텐츠가 되고 그런 콘텐츠를 통해 브랜드가 알려지게 되고요.

당신만의 스토리, 한번 만들어보시길 바랍니다.

브랜드를 한 줄로 설명하는 컨셉

레이어링 1단계로 브랜드의 내면에 대해 정리하고, 그것들을 기반으로 핵심 가치, 비전, 미션, 브랜드 스토리를 정리했습니다. 이제 레이어링 2단계에서 해야 할 일은 이 모든 것들을 포함하면서 3단계의 브랜드 외모와 연결 지을 수 있는 브랜드 레이어의 척추, 컨셉을 도출하는 것입니다.

컨셉은 어떤 역할을 할까?

컨셉은 브랜드 레이어의 척추 역할로서 브랜드가 바로 설 수 있게 합니다. 우리 브랜드가 만들어야 할 제품을 선정할 때, 제품의 패키지를 디자인할 때,

웹사이트를 구축할 때, 인스타그램 콘텐츠를 기획할 때, 오프라인 공간을 준비할 때 그 모든 것들의 중심에는 이 컨셉이 있어야 합니다.

초기 브랜드들이 실수하는 것 중 하나는 너무 다양한 모습을 보여주려고 한다는 것이에요. 그런 모습은 사실 명확한 컨셉이 없어서 나타나는 결과일 수 있습니다. 컨셉이 명확해지면 우리가 무엇을 해야 하는지와 무엇을 하지 말아야 하는지를 잡아주는 기준이 되어줍니다.

눈에 보이지 않는 추상적인 '내면' 레이어를 고객이 손에 쥐었을 때, 컨셉은 이 내면을 눈으로 볼 수 있는 구체적인 '외모' 레이어로 변환하는 번역기 역할을 하기도 합니다. '혁신'이나 '행복 같은 추상적인 가치(뿌리)를 '다르게 생각하라(Think Different).'나 '해피어마트' 같은 구체적인 컨셉(줄기)으로 응축하여, 디자이너와 마케터가 실질적으로 일할 수 있는 가이드를 제공하는 것이지요.

컨셉이 선명해야 선장(대표)부터 선원(팀원)까지 모두가 동일한 목적지를 바라보고 노를 저을 수 있습니다. 이는 조직의 응집력을 높이고, 부서 간의 소통 비용을 획기적으로 줄여줍니다. 그리고 팀원들이 컨셉을 깊이 이해할 때, 그들은 단순히 업무를 수행하는 것을 넘어 브랜드의 가치를 체득하고

실천하는 '살아 있는 레이어'를 함께 만들어갈 수 있게
됩니다.

브랜드 컨셉을 선명하게 뽑는 공식

독보적인 컨셉이 베이스가 되어야 시장에서
경쟁사와 섞이지 않고 자신만의 위치를 점하게 할
수 있죠. 그렇게 차곡차곡 경험을 레이어링 했을 때
가격 경쟁의 늪에서 벗어나 브랜드만의 프리미엄을
유지하며 운영할 수 있습니다.

컨셉을 잘 정리하는 딱 한 가지 방법만 있는 것은
아니지만, 보편적으로 쓸 수 있는 방법 몇 가지를
사례를 들어 알려드리겠습니다.

**첫 번째, 브랜드 스토리를 더 짧게 줄여본다고
생각합니다.**

공식 [고객의 문제] + [브랜드의 해결책] +
[성공적인 결과]

사례 많은 부모가 아이를 치과에 데려갈 때
스트레스를 받지만[문제], 우리 치과는
아이들이 즐거워하는 놀이 공간을
제공하여[해결책], 부모와 아이 모두가 웃으며
진료받을 수 있게 합니다[결과].

컨셉 울음소리 대신 웃음꽃이 피는 아이들의 놀이터

<u>두 번째, 브랜드의 독보적인 차별성을 검증하고
정의합니다.</u>

공식 우리 브랜드는 [특정 시장]에서 [특정 고객]을
위해 [차별적 혜택]을 제공하는 유일한(ONLY)
[카테고리]이다.

사례 할리 데이비슨은 개인의 자유가 줄어드는
시대에[시대 배경], 카우보이가 되고 싶은
마초들을 위해 [타겟], 크고 시끄러운
오토바이를 만드는[차별점] 유일한 오토바이
제조사다.

컨셉 아스팔트 위의 카우보이

<u>세 번째, 브랜드의 핵심 본질을 3~5단어로 압축하여
내부 의사결정의 필터로 사용합니다.</u>

공식 [감성적 수식어] + [기능적 설명] + [브랜드
자산/핵심]

컨셉 진정한 스포츠 성과(Authentic Athletic Performance)
이 세 단어의 연결로 컨셉을 정의할 수 있고, 이
문장은 나이키가 만드는 제품부터 마케팅까지 모든
레이어가 지켜야 할 절대적인 기준이 됩니다.

컨셉을 바탕으로 하여 레이어링 3단계, 우리
브랜드의 외모를 꾸미러 가봅시다.

4부

레이어링 3단계:
브랜드의 외모 꾸미기

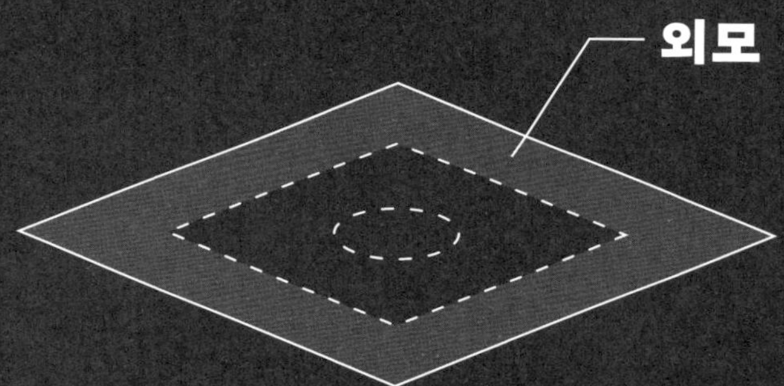

레이어링 3단계는 브랜드
내면의 철학을 눈에 보이게
만드는 과정입니다. 로고, 컬러,
폰트, 말투, 공간과 같은 모든
시각·언어적 요소를 하나의
컨셉 아래 정렬해, 고객이 한눈에
'이 브랜드답다.'고 느끼게
만드는 실전 단계입니다.

우리가 아무리 많은 고민을 하고 단단한 철학을 갖췄다고 한들, 고객들은 내면으로 경험을 하는 것이 아닙니다. 고객들은 표면적인 부분을 경험하게 될 수밖에 없습니다.

그렇다면 우리가 디자인을 할 때 어떤 부분에 집중해야 할까요? 결국 디자인은 본질을 시각화해주는 영역입니다. 본질이나 뿌리가 없는 디자인은 사실 예쁜 껍데기에 지나지 않죠.

좋은 디자인이란 무엇일까?

디자인, 디자인 얘기는 많이 하는데 그래서 어떤

디자인이 좋은 디자인일까요? 누구나 좋아하는 심플하면서도 임팩트 있는 디자인? 아니면 화려하고 고급스러운 디자인? 디자인을 표현하는 수많은 형용사가 있긴 하지만, 그 형용사 중 어느 하나가 좋은 디자인을 대변할 수는 없겠죠.

제가 생각하기에 가장 좋은 디자인은 '기업 혹은 브랜드의 본질을 가장 잘 표현한 디자인'입니다. 당연한 소리 같지만, 저희 스튜디오를 찾아오시는 많은 클라이언트분들이 이 부분을 쉽게 놓치곤 합니다. 프로젝트의 개요를 듣고 나서 제가 고객들에게 꼭 묻는 질문이 있죠.

"그럼 일정은요? 예산은 어느 정도인가요?"

돌아오는 답변은 거의 90%가 비슷합니다.

"ASAP(아삽)이요…. 예산은 많지 않지만… 다음에 또 좋은 거 드릴게요. 혹은 이번 한 번 하면 그다음부터는 계속할 수 있어요…."

예산이 없다고 하면 꼭 '다음 기회를' 언급합니다. 언제나 촉박한 일정 때문에 비주얼을 빠르게 뽑아야 한다고 이야기합니다. 그렇게 대부분의 클라이언트는 최소한의 시간으로 최대의 효율을 내기를 원합니다.

그 효율성을 위해서는 브랜드의 본질을 더 확실히 파악해야 합니다. 기업이나 브랜드의 본질이 무엇인지 모른 채 '일단 빠르게' 비주얼을 뽑게 되면 '예쁜

쓰레기'를 마구 배출하게 됩니다. 디자이너는 내가 지금 무엇을 만드는지도 모르고 왜 만드는지도 모른 채 손이 가는 대로 이미지를 만들어내게 됩니다.

원하는 대로 '일단' 이미지를 뽑아내서 고비를 넘겼을지 몰라도, 이 디자인을 통해 브랜드를 만나는 고객들은 '이게 뭐지? 내가 알던 브랜드가 맞나?'라고 생각할 수도 있죠.

그래서 본질을 먼저 파악한 뒤 디자인을 해야, 최소한의 시간으로 최대의 효율을 낼 수 있습니다. 본질 없이 만들어진 디자인은 내면은 그대로인 채 껍데기만 갈아입은 것에 불과하죠. 이런 이유로 레이어링 2단계에서 정리한 컨셉을 바탕으로, 그 컨셉을 어떻게 시각화할 것인지 디자인 원칙을 반드시 세워야 합니다.

사람도 변화를 하려면 생각부터 바꾸고, 그 생각으로 인해 행동이 바뀌고, 그 행동이 쌓여서 습관이 되어 사람 자체가 변화한다고 하죠? 기업이나 브랜드도 마찬가지입니다.

브랜드의 외모를 만드는 원칙

아이디어를 내면서 중요하게 생각해야 할 것이 하나 있습니다. 결국 우리가 제품을 만들고 서비스를 만드는 행위는 '고객들이 우리를 선택하게 만들기 위해서'입니다. 그런데 사람들은 이성적인 척하지만 굉장히 감정적입니다. 무언가를 선택하기 위해서는 감정이 필수적이죠.

어떤 때는 굉장히 이성적으로 계산을 하고 가장 저렴하고 합리적인 것을 선택하는 것 같지만, 사실 알고 보면 우리는 '알 수 없는, 설명하기 어려운 것들'을 이유 삼아 제품을 구매하곤 합니다. 이것은 과학적으로도 증명된 바 있습니다. 평생 감정과

생각을 연관 지어 연구한 과학자와 그의 환자
이야기는 사람이 감정이 없으면 어떻게 되는지를
설명해줍니다.

핵심 감정에 집중하라

오래전 머리를 다쳐 병원에 입원했던 환자가
있었습니다. 그 환자는 당시 의료 기술로 확실히
알지 못한 상태로 뇌의 한 부분을 절제했습니다.
그것을 통해 갖고 있던 증상은 완화가 되었지만,
다른 큰 문제가 생겼습니다. 무언가를 선택하지
못하고 우유부단해진 것이죠. 이성적이고 합리적이고
계산적인 것은 누구 못지않게 잘하지만, 선택하지
못하는 장애가 생겨버렸습니다. 취업도 못 하고
사업도 못 했던 환자는 뇌과학자를 찾아가게 됩니다.

뇌과학자는 환자가 감정을 느끼지 못한다는 것을
알게 되었습니다. 슬픈 이야기를 해도 울지 않고,
화낼 만한 상황에서도 화를 내지 않는 환자를 보면서
사람이 감정을 느끼지 못하면 선택을 할 수 없게
된다는 것을 알게 되었죠.

우리는 '우리 브랜드가 고객들에게 어떤 감정을
주어야 할지' 선택할 필요가 있습니다. 행복함,
따뜻함, 편안함, 신비함, 비범함 등등. 우리 브랜드를
보고 어떤 감정을 느끼게 될지, 이 핵심 감정이

우리 브랜드가 유지해야 할 맥락의 뿌리라고 볼 수 있습니다.

따뜻하고 편안한 감정을 주던 브랜드가 어느 순간 갑자기 냉철하고 날카로운 감정을 전달하는 브랜드로 변한다면 어떻게 될까요? 고객들은 '이 브랜드가 내가 알던 그 브랜드가 맞는지' 오해하게 될 것이고요. 처음 만난 사람이라면 그 감정이 이 브랜드가 주려는 감정인 걸로 잘못 인지할 수 있습니다.

다른 경험을 겪을 때 또 다른 감정을 주고, 또 다른 상황에서 또 다른 감정을 줬다면 고객들은 이 브랜드를 연결하기 어렵습니다. 경험을 쌓아갈 때 유지되어야 할 맥락 중 하나는 바로 핵심 감정입니다.

우리는 감정에 집중해야 합니다. 우리 브랜드가 절대 변하지 말아야 할 핵심 감정이 무엇인지 설정하고 다음으로 넘어갈 수 있어야 합니다.

고객에게 어떤 외모를 보여줄지 확실하게 정하라

사람들이 무언가를 인지하는 행위는 결국 '찍는' 행위입니다. 어떤 상황을 인지하고 무언가를 판단해서 행동하기 위해서는 굉장히 빠른 시간 안에 판단을 해야 합니다. 인간의 뇌는 그렇게 판단을 빠르게 하면서 어떤 위험 요소를 감지하고 그 위험에서 벗어나는 것으로 생명을 유지해왔죠. 그렇기 때문에 빠르게 판단해야 하니까 사람들의 뇌는 어떤 상황을 보고 '찍게' 됩니다. '찍는다'는 것이 조금 무서운 얘기처럼 들리지만 어쩔 수 없습니다. 빠르게 판단하고 행동을 해야 그 상황을 헤쳐 나갈 수 있기 때문에 그럴 수밖에 없습니다.

그렇기 때문에 우리는 브랜드를 만드는 우리가 이 메커니즘을 이해해야 합니다. 여기서 또 맥락을 유지하는 것에 힘이 발휘되는 것이죠. 같은 컬러, 같은 폰트, 비슷한 외형적인 부분을 보여줌으로써 어떤 브랜드인지, 이 브랜드가 무엇을 주고자 하는 것인지를 빠르게 인지할 수 있게 됩니다. 빠르게 인지하고 '무엇인지 안다'는 것은 선택에 있어서 우리를 조금 더 선점할 수 있는 것이죠. 그렇게 때문에 그것을 미리 어떤 외모를 보여줄지 확실하게 정립하고 꾸준히 쌓아가야 하는 것입니다.

문제는 만드는 사람이 먼저 질려버린다는 것이죠. 우리는 만들면서 너무 많이 보고 자주 보다 보니까 고객들은 그만큼 본 적이 없는데 우리가 먼저 지치고 먼저 질려서 외모를 바꾸게 됩니다. 어쩔 때는 고객들은 아직 이 브랜드에 대한 기억이 만들어지지도 않은 상황에서 새로운 외모를 보여주고 '이것이 새로운 것'이라는 것으로 어필할 수 있다고 착각합니다. 하지만 아직 아닌 경우도 꽤 많죠. 그래서 잘 설정한 비주얼 컨셉을 어느 기간 동안 얼마나 잘 유지하는지에 대한 부분도 고민해야 할 필요가 있습니다.

이번 레이어링 3단계에서는 브랜드의 외모가 어떤 식으로 구성되고 어떤 부분을 설정에 두어야 하는지 이야기해볼 텐데요. 이 책은 디자이너를 타깃으로 하는 책이 아니기 때문에 너무도 세세한 부분보다는 디자이너가 아니더라도 꼭 알아야 할 정도로 설명을 드리려고 합니다.

트렌드를 쫓지 마라

시각적인 컨셉을 잡기 위해 가장 먼저 하고 싶은 이야기는 요즘 유행하는 스타일이 무엇인지 찾아서 따라가지 말라는 것입니다. 트렌드를 쫓는다는 것은 항상 유행의 뒤꽁무니를 따라가는 것이니까요. 느리다는 것보다 더 큰 문제는 우리 브랜드가 입어야 할 옷이 맞는지 분간하기 어렵다는 것입니다.

우리의 정체성이 명확하게 정립되면 그것에 맞는 옷을 찾는 것이죠. 뒤에서 나올 컬러, 폰트, 무드 등 모든 것들이 그렇습니다. 결국 우리에게 맞는 것을 찾기 위해 알아야 할 것들이죠.

한 연예인에게 옷을 스타일링해주는

스타일리스트와도 비슷합니다. 스타일리스트는 2가지 방향으로 고민해야 합니다.

첫 번째는 연예인에 대해 이해해야 합니다. 이 연예인이 이번 무대에서 어떤 컨셉으로 올라갈 것인지, 노래는 어떤 노래인지, 이 아티스트의 체형은 어떠한지 등을 파악해야 합니다. 두 번째는 요즘에는 어떤 옷들이 있고, 어떤 스타일이 있으며 어떻게 매치를 해야 더 새롭고 아름다울 수 있을지에 대한 지식이 있어야 하죠. 그리고 가장 적합한 것을 매치하고, 또 남다른 무언가를 만들기 위한 고민을 해야 하죠. 브랜드에서도 마찬가지입니다.

브랜드의 이름 정하기

이제서야 브랜드의 이름에 대한 이야기를 하는 것이 많이 늦었다고 생각되시나요? 물론 이름은 앞에 나온 것들을 정리하기 전에 지어지기도 합니다. 하지만 이름에 의미를 담고 우리가 하는 비즈니스의 영역을 포함하고자 한다면 더 깊게 고민해볼 필요가 있죠.

사람들은 컨셉을 기억하진 않습니다. 브랜드 스토리가 흥미롭다면 그 스토리가 트로이 목마가 되어 고객들의 머릿속에 침투하게 되고 결국 기억에 남게 되는 것은 바로 브랜드의 이름입니다. 이름은 그것만으로 브랜드가 될 수 있죠. 초기 브랜드가 이름을 무엇으로 결정하느냐에 따라 마케팅 비용이

수십 배 절감될 수도 있습니다.

우리는 좋은 이름을 짓기 위해 또 한 번 아이디어 확산의 과정을 거칩니다. 앞에서 우리가 구분했던 실용적, 감정적, 투영적, 사회적 효익 안에 있던 내용들에게서 주요 키워드를 뽑아냅니다. 그리고 그 키워드들 중에서 같은 의미를 담고 있지만 다르게 표현할 수 있는 키워드도 찾아봅니다.

우리 브랜드에 맞는 네이밍 방법

브랜드 네이밍의 방법론은 너무나도 다양합니다. 재규어라는 이름은 속도, 민첩성, 은밀함, 유선형의 디자인이 떠오르는 이름이죠. 레고는 덴마크어 'leg godt'를 합쳐 만든 이름으로 '잘 놀다.'라는 뜻입니다. 볼보는 라틴어로 '나는 달린다.'라는 뜻이고요. 롤링 스톤즈 매거진은 '구르는 돌에는 이끼가 끼지 않는다.'라는 문구에서 영감을 받았고요. 수면 보조제인 나이톨은 잠자리에 들기 전 작별 인사로 하는 "잘 자요, 모두들"에서 이름을 따왔죠.

한 골프백 브랜드가 네이밍부터 전체적인 브랜드 아이덴티티를 디자인하기 위해 저희를 찾아왔습니다. 이 브랜드는 프리미엄 골프백 브랜드로 골프를 사랑하는 창업주의 아이디어로 시작되었습니다. 이 골프백은 다양한 포켓들을 자석으로 탈부착할 수 있는 구조였고, 골프를 치러 갈 때마다 주머니에 있던 소품들을 넣었다 뺐다 하는 불편함을 개선하기 위한 아이디어였습니다.

전반적인 기능은 이렇고 디자인을 굉장히 세련되고 미니멀하게 구성되었습니다. 이 브랜드의 고객들은 애플 제품을 사용하고 테슬라를 타면서 자유로움을 갈망하는 남자로 표현할 수 있었죠. 저희는 이 브랜드의 이름을 위해 다양한 아이디어를 제시했고, 결론적으로 '메티어스(Metheus)'라는 이름으로 결정이 되었습니다.

이 이름은 그리스 신화에서 불을 만든 신인 '프로메테우스'에서 영감을 얻은 이름입니다. 앞에 '프로'는 제외하고 메테우스에서 Me를 강조하여 자신에게 집중하는 브랜드로서의 포지션을 잡기로 하였습니다. 프로메테우스가 인간에게 정말 필요한 도구인 '불'을 선물해줬듯이, 우리가 사람들에게 필요한 제품을 선사하겠다는 의미를 담고 있었습니다. 이 이름을 기반으로 불에서 모티브를 얻은 심볼과 프로메테우스의 형상을 하고 있는 일러스트 로고까지 디자인했고, 고급스러운 프리미엄 골프백으로서의 브랜드 외모까지 구축하게 되었습니다.

네이밍에서 반드시 체크해야 할 5가지

이렇듯 네이밍을 하는 방식은 너무나 다양해서
모두 설명하기는 어렵습니다. 하지만 이때, 반드시
체크해야 할 5가지가 있습니다.

차별성

동종 업계의 경쟁사들이 쏟아내는 수많은 단어
사이에서, 눈에 띄고 두드러지는 표현을 사용해야
합니다. 단순히 좋은 말, 예쁜 말을 선택하는 것이
아니라, 우리만이 점유할 수 있는 독특한 언어적
표현을 찾아야 하죠. 동종 업계에서 많이 하는 방식을
피해 새로운 시도를 해보면 좋습니다.

진정성

이름에는 브랜드의 미션과 가치가 담겨 있어야
합니다. 우리가 전하고자 하는 핵심 가치에서 벗어난
이름은 고객에게 위선으로 비춰질 수 있죠. 브랜드의
이름이 브랜드의 본질을 담고 있어야 합니다.

기억 용이성

가장 중요한 것은 오래 기억되어야 한다는
것입니다. 짧고 간결한 것이 아무래도 기억하기
좋고, 발음하기 편한 것이 더 부르기 좋겠죠. 그래서

네이밍은 의미를 담고 있느냐도 중요하지만, '어떻게 읽히는가'도 굉장히 중요합니다. 코카콜라(Coca-Cola), 베스트 바이(Best Buy)처럼 비슷한 단어를 반복해서 사용하는 방식도 유용합니다.

지속성

너무 특정 카테고리를 포함하는 이름을 짓게 되면 추후에 확장성에 한계를 겪게 될 수 있습니다. 테슬라 모터스가 테슬라가 되고, 애플 컴퓨터가 애플이 됐던 이유도 이 확장성 때문입니다. 마켓컬리도 현재는 컬리라는 이름으로 뷰티 카테고리 확장을 시도하고 있죠.

보호 가능성

아무리 좋은 이름이라도 법적 보호를 받지 못한다면 비즈니스에서는 쓰기 힘든 이름이 됩니다. 독점적인 상표권을 확보할 수 없는 이름으로 시작한다면 누구나 그 영역에서 같은 이름을 사용할 수 있겠죠. 꼭 키프리스에서 검색을 해보고 자신의 사업 분야에 해당하는 '부류'와 같거나 비슷한 이름이 있는지 찾아봐야 합니다. 물론 등록 가능성을 확실하게 파악하기 위해선 전문 변리사를 찾아 문의해볼 필요가 있습니다.

　김밥천국 같은, 누구도 소유할 수 없는 고유명사를 더한 이름은 어떻게 되었을까요? 사업이 아무리 잘되더라도 '상표권'을 인정받지 못해서 '누구나' 쓸 수 있는 이름이 되었습니다. 온 동네에 이름은 같지만 다른 디자인의 '김밥천국'이 많은 이유가 거기에 있는 것이죠.

　네이밍 아이디어 또한 창의적인 아이디어를 내는 과정을 통해서 만들어지게 됩니다. 처음에 나오는 아이디어에서 바로 그치기 보다는 며칠 동안, 혹은 몇 달 동안 고민과 수정을 거듭하면서 최적의 네이밍을 찾아야 합니다.

브랜드명을 보조해주는 문장 만들기

브랜드 이름 옆에 붙는 문장을 태그라인, 슬로건, 캐치프레이즈, 카피 등으로 다양하게 부르곤 합니다. 이들을 각기 다른 용도로 활용되지만 상황에 따라 혼용되기도 하는데요. 크게 몇 가지 중요한 것으로 나눠볼게요.

태그라인

브랜드의 본질과 정체성을 응축하여 로고와 함께 쓰이는 문장으로, 거의 바뀌지 않고 브랜드의 '에센스'를 담고 있습니다. 초기 브랜드를 구축할 때는 네이밍과 함께 이 태그라인을 만드는 것까지 구축하면 좋습니다.

　브랜드 네이밍이 주는 '바이브'를 시각화하기 전에 이 이름이 어떤 의미를 담고 있는지 설명하는 문장이라고 생각하면 좋습니다. 우리 브랜드가 갖고 있는 가치를 사람들에게 전달하기 좋은 문장으로 만들어보세요.

　나이키: 그냥 해(Just Do It).
　BMW: 궁극의 주행 머신(The Ultimate Driving Machine)
　애플: 다르게 생각하라(Think Different).

슬로건

　브랜드의 가치, 비전, 혹은 특정 캠페인의 목적을 담아 반복적으로 사용하는 문구입니다. 브랜드의 전략이나 캠페인의 방향에 따라 변경이 가능합니다.

　로레알: 당신은 소중하니까요(Because You're Worth It).
　에이스침대: 침대는 가구가 아닙니다. 과학입니다.
　에어비앤비: 여행은 살아보는 거야(Belong Anywhere).

캐치프레이즈

　광고나 홍보에서 소비자의 주의를 즉각적으로 끌기 위한 기발한 문구를 의미하며, 유행이나 사회

분위기에 민감하게 반응하고 구매 행동을 유도해야 합니다.

레드불: 레드불은 날개를 달아줘요 (Red Bull Gives You Wings).

포카리스웨트: 내 몸에 가까운 물

스키틀즈: 무지개를 맛보세요(Taste the Rainbow).

카피

광고 메시지 전체를 포괄하는 용어로 헤드, 바디, 캡션 등으로 나뉘어 사용할 수 있습니다. 제품의 상세 정보를 전달하거나 설득하는 모든 텍스트라고 볼 수 있죠.

파타고니아: 이 재킷을 사지 마세요 (Don't Buy This Jacket).

토스: 금융이 쉬워진다.

배달의 민족: 오늘 먹을 치킨을 내일로 미루지 말자.

이렇듯 다양한 문장들로 브랜드를 설명하게 되는데요. 태그라인, 슬로건, 캐치프레이즈, 카피마다 각각 다른 문장을 쓰지 않고, 혼용해서 사용하는 경우도 있습니다. 따라서 어떤 문장이 어떤 맥락에서

사용될지 구분해, 상황별로 정리해두는 것이

필요합니다.

사용될지 구분해, 상황별로 정리해두는 것이

필요합니다.

우리 브랜드는
어떤 말투를 써야 할까?

이 모든 레이어링 과정들은 '브랜드를 사람처럼 느껴지게 하는 것'이라고 이야기했었는데요. 이런 관점에서 브랜드의 성격을 가장 잘 보여줄 수 있는 부분이 브랜드의 '톤 오브 보이스(Torn of voice)'를 설정하는 부분입니다.

일단 보이스는 브랜드의 변하지 않는 정체성에 속하는 부분입니다. 사람도 목소리만 들어도 누군지 알 수 있듯이 브랜드의 고유한 성격과 가치가 나타나는 부분이죠. 톤은 말하는 방식을 의미합니다. 친구에게는 편하게 말하고 상사에게는 예의를 갖추듯, 브랜드도 고객과의 관계 속에서 어떻게 말할 것인지를 정하게 됩니다.

앞서 레이어링 1단계 브랜드 내면을 설정할 때, 고객의 페르소나와 브랜드의 페르소나를 잡고 서로 간의 관계를 설정했습니다. 그때 관계가 친구였다면 고객에게 반말을 하는 브랜드가 될 수도 있을 것이고요. 브랜드가 누군가를 이끌고 가는 리더의 모습이라면 조금 더 카리스마 있고 간결한 말투로 이야기할 수도 있겠죠.

결국 우리 브랜드가 사람일 때 어떤 모습이면 좋을지, 우리 고객들이 어떤 사람인지, 그 고객들에게 어떤 사람으로 기억되고 싶은지에 따라 우리의 말투의 방향이 정해지게 됩니다.

토스의 사례가 참고하기 좋은 대표적인 사례이죠. 토스는 'UX 라이팅'이라는 표현으로 기존의 금융 시장에서 잘 만날 수 없는 '친근한 대화'라는 텍스트적 경험을 쌓아왔습니다. 그리고 이런 말투 자체가 시스템으로 규정되어 토스 내의 모든 서비스에서 일관된 맥락을 보여줍니다.

항상 같은 말투가 레이어링된다면 어떤 효과를 얻게 될까요? 수많은 경쟁 브랜드 속에서 목소리만으로도 브랜드를 식별하게 되겠죠. 일관된 말투는 고객과의 심리적 거리를 좁히고 강력한 팬덤을 형성하는 기반이 될 것이고요. 명확한 가이드라인이 있으면 콘텐츠

제작 및 수정 주기가 단축되어 마케팅 효율까지도 극대화될 수 있습니다.

결국 훌륭한 톤 오브 보이스란, 브랜드가 지향하는 목적(Why)을 고객이 가장 편안하게 받아들일 수 있는 그릇에 담아내는 과정입니다. 우리 브랜드만의 개성 있는 말투를 꾸준히(Consistently) 유지하며 레이어를 쌓아갈 때, 고객은 그 브랜드를 신뢰할 수 있는 친구로 기억하게 될 것입니다.

토스의 5대 코어 밸류(Core Values)

Clear(명확한)	모호한 표현을 지양하고 한 번에 이해되는 문장을 씁니다.
Concise(간결한)	핵심 메시지만 남기고 군더더기를 제거합니다.
Casual(친근한)	어려운 금융 용어를 쉬운 일상 언어로 바꿉니다.
Respect(존중하는)	당장의 전환율을 위해 고객을 기만하지 않고 진실되게 소통합니다.
Emotional(공감하는)	사용자의 상황과 감정에 깊이 공감하는 문구를 사용합니다.

토스의 8가지 라이팅 원칙

해요체 사용	상황에 상관없이 '하십시오체' 대신 친근한 '해요체'를 기본으로 합니다.
능동적 말하기	"됐어요"보다는 "했어요"처럼 브랜드가 주체가 되어 능동적으로 표현합니다.
긍정적 말하기	"안 돼요", "없어요"라는 부정어 대신 "~하면 할 수 있어요"라는 긍정형 문장으로 해결책을 제시합니다.
캐주얼한 경어	과도한 높임말인 '~시'를 과감히 뺍니다. (예: "계시다" → "있다", "~께" → "~에게")
한자어 풀어쓰기	딱딱한 한자어 명사를 동사 형태로 풀어서 캐주얼하게 전달합니다.

무드보드 만들기 1: 톤앤매너

무드보드는 지금까지 글로 정리해온 것을 시각적으로 넘어가기 위한 첫 단계입니다. 창업주가 이야기하는 '심플'과 디자이너가 이해하는 '심플'은 다를 수 있습니다. 그렇기 때문에 이 무드보드라는 것을 활용해서 서로가 생각하는 것이 시각적으로 어떤 것인지 정리하는 도구라고 볼 수 있죠.

이 무드보드 안에는 크게 색상, 타이포그래피, 그래픽 모티브, 질감 및 패턴 등으로 구성되어 있습니다. 이 부분을 구성하는 것은 전문 디자이너의 영역이죠. 하지만 브랜드를 창업하는 분들이 무드보드에 대해 이해하고 있다면, 디자이너와 소통하기에 훨씬 수월할 것입니다.

시작은 전체적인 톤앤매너를 잡는 이미지를 찾는 것으로 시작합니다. 이 이미지에는 고객들에게 보여주고 싶은 라이프스타일과 세계관이 담겨 있어야 합니다. 우리가 만들 제품 사진을 찾는 것이 아니라, 브랜드의 핵심 가치를 은유적으로 표현할 수 있는 풍경, 건축물, 추상적 질감 등을 포함하여 풍부한 시각적 서사를 구축한다고 생각하면 좋습니다.

우리가 전하고자 하는 감정적 가치가 느껴지는지, 고객들이 우리 브랜드를 어떤 사람으로 느껴지게 만들고 싶은지, 우리와 함께했을 때 어떤 분위기를 경험하게 하고 싶은지 등을 생각하면서 이미지를 찾아봅니다.

요즘에는 이런 이미지 자체를 AI로 만들 수 있기 때문에 앞에 나왔던 키워드들을 활용해서 이미지를 제작해보는 것도 좋은 방법입니다. 하지만 어떤 명확한 생각이 없이 AI가 만들어주는 이미지를 그대로 사용하는 것보다는 내가 갖고 있는 이 생각이 어떤 이미지로 표현이 될지 찾아보고 생각해보는 과정을 거친 후에 AI를 활용하는 것을 추천드립니다.

저는 핀터레스트나 비핸스 같은 고감도 이미지를 주로 업로드하는 플랫폼에서 찾아보는 것을

추천드리고요. 일단은 50~100개 정도의 다량의
이미지를 찾아보고 스크랩한 후에 잘 맞지 않는 것을
지워가는 과정으로 최종적으로 5~10장의 이미지로
정리해보면 좋습니다.

무드보드 만들기 2: 색상

"저희 로고는 빨간색으로 해주세요."

"왜 빨간색으로 고르셨나요?"

"저희 대표님이 빨간색을 좋아하시거든요….”

한 브랜드의 컬러를 대표님 개인의 취향으로

정해도 될까요? 물론 완전히 관련이 없다고 할 수는

없습니다. 작은 브랜드라면 대표님 개인의 가치관이

브랜드에 녹아 있을 테니까요. 하지만 브랜드의

이미지를 좌지우지하는 중요한 요소인 컬러를 한 명의

취향으로 선택해서는 안 되겠죠.

컬러에는 힘이 있습니다. 단지 어떤 컬러는

어떤 느낌을 주더라 정도가 아닙니다. 색채이론과

심리학 분야에서는 세상의 모든 색은 감정적, 정신적, 신체적 측면에서 우리에게 영향을 미친다고 합니다. 그 빛의 서로 다른 파장들로 인해 서로 다른 감정을 유발한다는 것이죠. 그리고 그것은 정신적, 육체적으로 몸의 변화를 일으킵니다.

아래의 연구 결과들을 보면 그 중요성에 대해 자세히 알 수 있습니다.

'제품을 구매할 때 색상의 중요성을 물어보는 질문에 84.7%가 제품을 선택하는 다양한 요소 중에 색상이 절반 이상 차지한다고 답했다(출처: 2004 서울 국제 컬러엑스포 사무국).'

'사람들은 90초 이내에 사람, 환경 또는 제품에 대한 무의식적인 판단을 하게 되는데 62~90%가 색상만을 기반으로 한다(출처: CCICOLOR - Institute for Color Research).'

'색상은 브랜드 인지도를 최대 80%까지 높일 수 있다(출처: University of Loyola, Maryland 연구).'

그렇기 때문에 이 색상을 선정하는 것은 창업주의 느낌으로 하는 것이 아니라 브랜드가 갖고 있는 내면의 가치를 가장 잘 보여줄 수 있는 컬러를 연결하는 것이 중요합니다.

색마다 갖고 있는 의미가 다르기 때문에 우리 브랜드의 가치를 표현할 수 있는 색을 찾아보세요.

빨간색(Red)

따뜻함, 에너지, 흥분, 열정, 체력 같은 긍정적인 의미도 있고 분노, 짜증, 피로, 격렬한 논쟁 같은 부정적인 의미도 있습니다. 그래서 빨간색이 주변에 너무 많다면 피로와 부담을 유발할 수도 있죠. 빨간색은 실제보다 더 가까워 보이는 효과가 있습니다. 그래서 눈에 잘 띄고 싶으면 빨간색을 쓰면 좋습니다. 그래서 경고의 의미를 전달할 때 많이 쓰게 되는 것이죠.

분홍색(Pink, Magenta)

여성스러움, 로맨스, 양육, 돌봄, 따뜻한 사랑의 긍정적인 의미도 있고, 어딘가 부족하고, 연약하고, 힘없는 느낌의 부정적인 의미도 있습니다. 미국에서 진행한 연구 결과, 교도소 내에 감방의 벽과 천장을

분홍으로 칠했더니 수감자들의 공격성이 감소하는
것을 발견했습니다.

노란색(Yellow)

행복하고 기분 좋은 느낌, 자신감, 긍정적, 낙천적의
의미도 있는 반면, 노랑을 지나치게 많이 사용하면
짜증, 불안, 조바심, 우울감이 생겨날 수 있습니다.

주황색(Orange)

따뜻하고 친근하며 에너지와 재미가 넘치지만, 이
역시 너무 많이 사용하면 유치해 보이거나 경솔해
보이고, 촌스럽거나 싸구려로 보일 수도 있습니다.

명품 브랜드 에르메스가 주황색을 사용하는 것을
보면 주황색이 고급스러움을 의미한다고 착각할 수
있는데 이는 다른 이유가 있습니다. 제2차 세계대전

직후에 에르메스 제품 포장 상자를 만들기 위해서
구할 수 있었던 게 주황색 판지가 유일했다고 합니다.
그렇게 시작된 컬러를 지금까지 유지하면서 '에르메스
= 주황색'이라는 것이 성립된 것이죠. 이 이야기를
보면 색상이라는 것에 일반적인 의미가 있긴 하지만,
경험에 따라 인식이 달라질 수 있다는 것을 알 수
있습니다.

갈색(Brown)

안심, 믿음직, 안정, 편안, 따뜻함이기도 하지만
지루하고 생기 없고 따분함, 고집 세고 비타협적으로
보일 수도 있습니다.

파란색(Blue)

사고의 논리성, 명료성, 신뢰성 등의 의미도

있지만, 차갑고 무심하며 냉담한 느낌을 받을 수도 있습니다. 연구 결과 세계적으로 사람들이 가장 좋아하는 색이라고 알려져 있습니다. 물론 모든 사람이 좋아한다는 것은 아니겠죠.

녹색(Green)

안정감, 평화, 건강, 자연, 신선함을 의미하기도 하지만 너무 많이 쓰면 정체되고 지루한 느낌이 듭니다. 짙은 녹색은 부와 명성을 전달하는 데 사용하기도 하고요.

보라색(Purple)

고차원적인 우주, 왕족, 권력, 신비한 의미도 있지만 사치스러움, 멍하고 현실감각 없는 느낌을 줄 수도 있습니다. 고대 로마의 율리우스 카이사르는 오직

자신만이 보라색 옷을 입을 수 있다고 선포했었고,
엘리자베스 1세 여왕은 왕실의 직계존속을 제외하고
누구도 보라색을 입지 못하게 했었습니다. 또한
과거에는 보라색 염료가 비싸고 만들기 어려웠다고
합니다. 그래서 더 왕족, 권력, 신비로운 이미지가
만들어진 것 같습니다.

검은색(Black)

미스터리, 권력, 전통, 신뢰성, 권위, 우아함을
주면서도 무섭고, 위협적이고, 차갑고, 불친절하고,
지나치게 심각해 보일 가능성도 있습니다.

회색(Gray)

긍정도 부정도 아닌 중립, 차분한 색이면서
우울, 피곤, 따분함을 갖고 있습니다. 사실 회색을

기본으로 하는 로고는 드뭅니다. 애플이나 벤츠가
회색이라기보다는 실버의 느낌으로 사용하는
수준이고, 다른 기본 컬러가 있지만 상황에 따라
회색으로 변형해서 사용하긴 합니다.

컬러의 비율이 더 중요하다

메인 컬러는 1~2종 정도로 정하는 것이 좋고요.
사실 저는 하나의 메인 컬러를 사용하는 것을 가장
추천합니다. 그리고 그 메인 컬러를 받쳐주는 보조
컬러가 필요합니다. 여기서 비율의 비밀을 하나
알려드릴게요.

스타벅스 하면 떠오르는 짙은 녹색. 하지만
스타벅스에 직접 가서 공간을 둘러보면 그 짙은
녹색을 벽면 가득 쓰거나 하지 않습니다. 그럼에도 왜
이 색상이 기억속에 강력하게 자리하게 되었을까요?
《좋아 보이는 것의 비밀》에서는 마법의 비율이라고
해서 70:25:5라는 비율로 색상을 구성하는
것이 좋다고 합니다. 오프라인 공간뿐만 아니라

온라인에서도 이 색상 비율에 대해 생각하면서
적용하면 통일된 색상 경험을 줄 수 있습니다.

70%	기본 색상으로 바탕이 되는 아이보리, 흰색 같은 색
25%	보조 색상이며 주제 색상이 돋보일 수 있는 색(스타벅스의 갈색, 이마트의 짙은 회색)
5%	주제 색상으로 브랜드의 이미지를 대표적으로 보여주는 색

컬러에는 힘이 있습니다. 우리 브랜드를
성공적으로 성장시키기 위해 브랜드 컬러에 대해 깊게
고민해보시고 선정하시길 추천드립니다.

무드보드 만들기 3: 폰트, 타이포그래피

컬러라는 것이 첫인상을 좌우한다면, 조금 더 디테일하게 브랜드의 정체성을 보여줄 수 있는 것은 바로 '타이포그래피'입니다. 배달의민족와 현대카드가 자신만의 폰트를 만드는 이유가 무엇일까요?

폰트가 브랜드에 주는 영향

여기서 폰트는 맛있는 음식을 만들기 위한 재료라고 보면 좋습니다. 폰트가 잘 정리되어 있다면 하나만으로도 사용 가능하지만, 조금 더 브랜드만의 개성을 표현하기 위해 타이포그래피를 적용하죠. 이것은 마치 '말투'를 시각적으로 보여주는 효과가 있습니다. 어떤 목소리, 어떤 말투로 말하는지가 이 타이포그래피에서 느껴지죠. 타이포그래피의 중요성에 대해서는 수많은 크리에이터들이 언급했습니다.

"타이포그래피는 보이지 않는 말을 보이게 한다(에릭 슈피커만)."

"타이포그래피는 필자가 생각하는 의도와 영감 그리고 상상력을 독자에게 아무 손상 없이 있는 그대로만 전달하는 것이다(토머스 제임스 코브던샌더슨)."

"타입은 스스로 말한다(데이비드 카슨)."

어떤 말투로 말하고 싶은지가 정해져야 하고, 그것이 정해졌다면 그 말투를 느껴지게 만드는 폰트를 골라야 합니다. 그 말투를 우리만의 고유한 것으로 만들고 싶다면 고유 서체를 만드는 것이고요.

브랜드가 항상 사진이나 그래픽으로 소통할 수는 없겠죠. 분명히 정보를 전달해야 하고, 그 정보 안에는 메시지가 담겨 있습니다. 그리고 그것을 전하기 위해 폰트는 필수적이죠. 가장 간단하면서도 가장 파워풀합니다. 우리가 전하려는 메시지를 우리가 떠올리고 싶은 이미지 안에 담는 것이 폰트입니다. 요즘에는 전용 폰트 개발이 굉장히 유행처럼 번졌습니다.

제대로 된 폰트를 개발하는 비용이 3~4천만 원이

들어가더라도 그 효과는 굉장히 큽니다. 한 번 잘
만들어진 폰트는 많은 것들을 대체합니다. 폰트
하나만으로도 브랜드의 정체성을 드러낼 수 있죠.
그래서 그 폰트를 무료로 배포하는 것으로 브랜드를
알리는 용도로 사용하곤 합니다. 이 책에서는 폰트에
대한 깊은 이야기보다는 디자이너가 아니더라도
알아야 할 정도의 정보를 전달하는 것을 목적으로
하려고 합니다.

일단 폰트라는 것에서 느껴지는 이미지는 누군가가
"이런 폰트는 이런 이미지야."라고 설명해서 만들어진
것이 아닙니다. 그 폰트가 만들어지게 된 시대적인
상황도 연결이 되고, 그동안 어떤 브랜드, 어떤
상황에서 이 폰트가 쓰여졌는지 역사적인 이야기를
바탕으로 그 이미지가 만들어지기도 합니다.

내 브랜드에 맞는 폰트 찾기

폰트의 종류를 모두 알 필요는 없지만, 폰트가
어떤 유형으로 나뉘고 어떤 폰트가 어떤 감정을
불러일으키는지 정도는 알고 있으면 도움이 됩니다.

세리프(Serif) 서체

획 끝에 장식이 있는 서체로, 전통적이고 신뢰감
있으며 권위 있는 인상을 줍니다. 유산(Heritage)이나

클래식한 이미지를 강조하는 브랜드에 잘 어울리며,
한글로는 '명조체'가 여기에 해당합니다.

산세리프(Sans-serif) 서체

장식이 없는 깔끔한 형태로, 현대적이고 투명하며
기능적인 인상을 줍니다. 미니멀리즘이나 실용성을
강조하는 브랜드들이 주로 사용하며, 한글로는
'고딕체' 계열이 이에 해당하지요.

이 두 가지가 가장 대표적이지만, 그 외에도
손글씨 느낌의 핸드라이팅 폰트, 어린아이가 쓴 듯한
감성적인 폰트, 혹은 오래된 성경책에서 볼 법한
클래식 폰트 등 개성과 시대감을 표현하는 다양한
서체들이 존재합니다.

디자이너가 아니라면 모든 폰트를 구분할 필요는
없습니다. 중요한 것은 '이 서체가 우리 브랜드의
인상과 어울리는가?'입니다. 이를 판단하기 위해서는,
먼저 '우리 브랜드가 어떤 모습으로 기억되고
싶은가.'를 명확히 정의하는 것이 출발점이 되어야
합니다.

오랫동안 많이 쓰여진 폰트를 선택하기

무엇이 좋은지 확실히 모르겠다면 새로운 폰트를

선택하기보다 오랫동안 많이 쓰인 폰트를 사용하세요.

동시에 너무 많은 폰트를 활용하지 말기

타이틀 폰트 1종, 본문 폰트 1종만 있어도 충분히 표현할 수 있습니다. 2~3개 정도 안에서 폰트를 설정하세요.

무엇보다 오랫동안 사용하세요.

브랜드 내부에서는 어느 순간 익숙해지고, 심지어는 질릴 수도 있습니다. 하지만 고객은 브랜드보다 훨씬 제한된 경험을 하고 있습니다. 그렇기 때문에 같은 폰트를 일관된 맥락 속에서 반복적으로 경험하는 시간이 쌓이면, 어느새 그 서체만으로도 브랜드가 자연스럽게 떠오르게 됩니다. 배달의민족이나 현대카드 서체가 그 대표적인 예죠.

로고 디자인

로고는 브랜드의 얼굴이라 할 수 있습니다. 하지만 '로고가 곧 브랜드'라는 착각을 해서는 안 됩니다. 사람에게 얼굴이 전부가 아니듯, 로고 또한 브랜드를 상징하는 한 부분일 뿐이니까요. 얼굴이 기억을 불러일으키고 표정으로 감정을 전달하듯, 로고 역시 브랜드의 인상과 감정을 함축적으로 표현합니다.

그렇기 때문에 로고 디자인은 핵심 감정과 아이덴티티를 압축적으로 담아내야 합니다. 로고 안에 사업의 모든 것을 담는 것은 불가능하지만, 브랜드가 지향하는 핵심 감정을 명확히 시각화할 수 있는 메타포를 찾아야 합니다.

로고 디자인을 잘하는 방법은 전문 디자이너의 영역입니다. 직접 디자인을 하기보다는 앞에 정리한 브랜드의 내면과 컨셉을 활용해서 디자이너와 함께 아이디어를 내보는 것을 추천드립니다. 여기서는 로고의 형태가 어떻게 나뉘는지 정도만 알려드리도록 하겠습니다.

워드마크 (Word Mark): **텍스트로만 이루어진 로고**	Coca-Cola
심볼마크 (Symbol Mark): **상징하는 이미지만으로 표현**	
시그니처 (Signatuer): **텍스트와 심볼의 조합**	adidas
엠블럼 (Emblem): **특정 프레임 안에** **이름과 문양을 조합**	PORSCHE STUTTGART

브랜드 아이덴티티 시스템 예시: 아소비교육

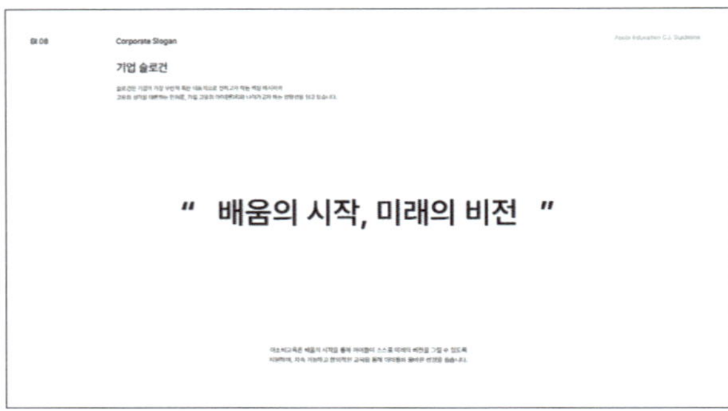

저희가 구축한 '아소비교육' 브랜드의 브랜드 아이덴티티
가이드라인입니다. 하나의 일관된 맥락으로 설계했습니다.

브랜드 아이덴티티 시스템 구축

이제 로고와 시각 요소들을 활용해 실제 고객 접점을 설계해야 합니다. 명함, 봉투, 포스터 같은 오프라인 제작물부터 홈페이지, 자사몰, 상세페이지, SNS 콘텐츠 등 온라인 매체까지 브랜드는 여러 공간에서 고객을 만나게 됩니다.

이때 가장 중요한 것은 맥락의 일관성입니다. 고객이 여러 접점에서 브랜드를 경험하더라도, 그 경험이 하나의 서사처럼 연결되어야 브랜드 정체성이 쌓입니다.

반대로 일관성이 깨지면 경험은 흩어지고, 인상은 옅어집니다. 따라서 무엇을 지켜야 하고, 무엇을 유연하게 바꿔야 하는지 아는 것이 핵심입니다.

고유한 톤앤매너는 유지하되, 매체의 특성에 맞게 조정하는 균형 감각이 브랜드 아이덴티티 시스템의 완성도를 좌우합니다.

5부

레이어링으로
고객과 관계 맺기

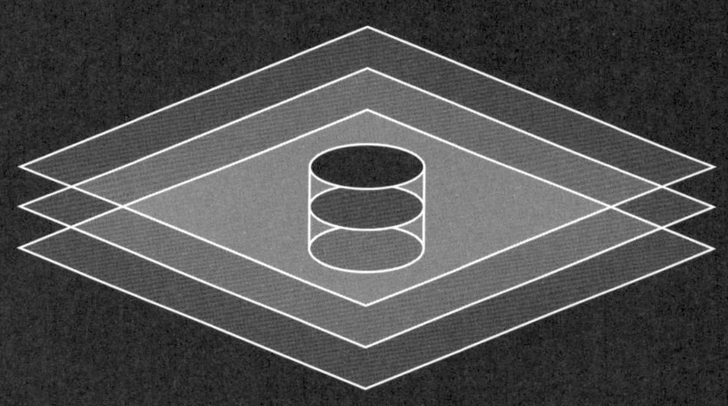

5부는 레이어링으로 완성된
브랜드를 실제 고객 관계 속에서
어떻게 작동시키는지 다룹니다.
브랜드의 방향과 컨셉, 외모까지
준비되었다면 이제는 광고보다
관계, 단기 매출보다 장기적인
신뢰를 쌓는 일이 중요합니다.
브랜드가 고객과 함께
성장하는 레이어링의 응용법을
소개하겠습니다.

안에서 바깥으로 쌓아라

브랜딩은 결국 고객에게 경험을 주고, 그 경험이 '기억'으로 남게 하는 일입니다. 그런데 이 기억을 설계하는 일의 출발점은 어디일까요? 많은 사람이 "먼저 고객을 향하세요."라고 말하지만, 레이어링의 관점에서 보면 시작점은 바깥이 아니라 '안'입니다.

안: 브랜드를 만들어나가는 사람들

브랜드를 만들어가는 구성원들이 같은 가치관과 방향을 공유하지 못한다면, 아무리 멋진 슬로건과 캠페인을 만들어도 금방 일관성이 무너집니다. 그래서 고객을 만나러 가기 전에 '안에서 바깥으로 쌓는 것'입니다. 먼저 안에서 합의를 만들고, 그다음에 밖으로 나가는 순서입니다.

회사 내부에서 브랜드를 함께 만드는 사람들과 아래 질문에 대해 먼저 합의를 해보세요.

우리 브랜드는 어떤 브랜드인가?
어떤 고객에게, 어떤 가치를 주어야 하는가?
각자가 생각하는 우리 브랜드는 어떤 모습인가?
어떤 고객을 떠올리고 있는가?
무엇을 가장 중요하게 여기는가?

이런 질문들을 함께 말로 꺼내보는 과정이 곧 브랜드의 방향을 선명하게 그려가는 작업입니다. 브랜드는 눈에 보이는 로고나 제품 그 자체가 아니라, 구성원들이 공유하는 생각과 태도에서 비롯되기 때문입니다.

이 질문에 대해 내부 구성원들이 서로 다른 답을 갖고 있다면, 브랜드는 금세 흔들립니다. 구성원이 많지 않은 초기 단계라 하더라도, 내부에서 브랜드에 대한 이야기를 허심탄회하게 꺼낼 수 있는 시간이 반드시 필요합니다.

안에서 시작해 밖으로 확장하기

브랜드의 방향을 안에서 바깥으로 쌓는다는 것은 이런 뜻입니다.

먼저 내부에서 브랜드의 존재 이유와 방향을 합의한다.

'우리는 왜 이 일을 하는가?', '어디를 향해 가고 있는가?'에 대한 답을 팀이 함께 이해한다

그다음에 고객을 향한 메시지와 경험을 설계한다. 내부에서 합의된 방향과 가치 위에 브랜드 스토리, 제품, 캠페인, 서비스 경험을 올린다.

내부 구성원도 브랜드의 첫 번째 고객으로 대한다. 회사 안에서 브랜드가 어떻게 말해지고, 어떻게 쓰이고, 어떻게 경험되는지 세심하게 다듬는다.

이렇게 브랜드의 안에서부터 튼튼하게 쌓여 올라간 방향은 시간이 흘러도 쉽게 흐트러지지 않습니다. 레이어링은 결국 바깥을 향한 화려한 한 방이 아니라, 안에서부터 바깥으로, 중심에서부터 겹겹이 쌓아가는 과정입니다.

브랜드 방향을 잡을 때, "고객에게 어떻게 보이고 싶은가?"라는 질문만 던지지 말고, 그보다 먼저 이렇게 물어보면 좋습니다.

‘우리 안에서는 이 브랜드가 어떤 모습이어야 기꺼이 함께하고 싶을까?’

그 질문에 대한 답을 찾는 것, 거기서부터 레이어링의 다음 단계가 시작됩니다.

브랜딩은 깊게,
마케팅은 넓게

이제 고객들을 만나러 가야 하는 시간입니다.
지금까지는 우리 구성원끼리 우리의 본질을 파악하고,
어떤 고객에게 갈지 방향을 잡고, 외출 준비를
마친 것이죠. 고객을 만나러 가기 전에 한번 짚고
넘어가야 할 것이 있습니다. 바로 브랜딩과 마케팅의
관계입니다.

브랜딩이 '기억을 만드는 일'이라면, 마케팅은
'고객과 관계를 만드는 일'에 더 가깝습니다. 둘은
떼어놓고 이야기할 수 없는 쌍둥이 같은 존재입니다.
사업을 운영하기 위해서는 둘 다 필요하고, 어느
하나만 잘해서는 충분하지 않습니다. 그래서 이렇게

정리해볼 수 있습니다.

브랜딩은 깊게, 마케팅은 넓게

브랜딩은 내면으로 깊게 파고드는 쪽에 힘이 실립니다. '우리는 누구인가?', '우리가 이 세상에 존재해야 하는 이유는 무엇인가?', '어떤 가치를 전할 것인가?'를 묻고 또 묻는 과정이죠.

마케팅은 외부로 넓게 퍼지는 쪽에 힘이 실립니다. '어떤 고객과 만날 것인가?', '얼마나 많은 사람과 만날 것인가?', '그들과 어떤 관계를 맺을 것인가?'에 답해야 하는 영역입니다.

브랜드마다 브랜딩에 집중해서 성과를 보는 곳도 있고, 마케팅에 집중하는 곳도 있습니다. 정답은 없습니다. 다만 균형이 무너지면 브랜드의 모양이 달라집니다.

너무 브랜딩에만 집중하면?

깊지만 지나치게 좁은 관계를 만드는 브랜드가 됩니다. 만드는 사람들끼리는 만족하지만, 수익 구조를 만들지 못해 사라질 위험을 안게 되죠.

너무 마케팅에만 집중하면?

많은 사람을 만날 수는 있지만, 누구와도 깊은

관계를 맺지 못하는 브랜드가 됩니다. 한 번의
프로모션, 한 번의 캠페인으로 끝나는 만남이
반복됩니다.

결국 브랜딩과 마케팅은 함께 가야 합니다.
　　브랜딩은 깊게, 마케팅은 넓게. 지금 우리 팀과
창업주의 성향은 어디에 치우쳐 있는지 한번 점검해볼
필요가 있습니다. 브랜딩에만 파고들고 있지는
않은지, 혹은 퍼포먼스 마케팅에만 몰입하고 있지는
않은지에 따라 브랜드의 미래 모습이 달라질 수
있으니까요.

결과보다는 과정을 쌓아라

예전에는 몇 달, 혹은 몇 년 동안 공을 들여 브랜드와 제품을 만든 뒤, 한 번에 세상에 선보이고, 광고와 콘텐츠를 쏟아내며 매출을 일으키는 방식이 일반적이었습니다. 하지만 요즘에는 제품이나 서비스가 없이도 고객을 모으는 브랜드가 많습니다. 결과만 보여주는 것이 아니라 과정을 보여주면서 고객과 소통하는 브랜드입니다.

패션 브랜드 '마뗑킴(Matin Kim)'의 김다인 대표는 자신의 블로그와 SNS를 통해서 제품이 탄생하기까지의 지극히 개인적이고도 치열한 과정을 가감 없이 드러냈습니다.

　어떤 원단을 고를지 고민하는 모습, 샘플이 생각보다 예쁘지 않아 좌절하는 순간, 단추 하나를 결정하기 위해 밤을 새우는 이야기들을 매일같이 쌓아갔습니다. 고객들은 이를 보며 단순히 '예쁜 옷'을 기다리는 소비자가 아니라, 한 브랜드가 성장해가는 드라마를 지켜보는 '시청자'이자 '응원군'이 되었습니다. 이것이 바로 과정을 레이어링 하는 것의 힘이죠. 제품이 출시되기도 전에 이미 고객의 마음속에는 '이 옷이 얼마나 공들여 만들어졌는지'에 대한 맥락이 형성된 것입니다.

　김 대표는 디자인 과정에서 고객들에게 질문을 던졌습니다. "이 색상이 좋을까요, 저 색상이 좋을까요?" "기장감을 조금 더 길게 가져가면 어떨까요?" 이 과정에서 고객들은 자신의 의견이 브랜드에 반영되는 경험을 합니다. 내가 낸 아이디어가 실제 제품으로 나왔을 때, 고객은 그 브랜드를 타인의 것이 아닌 '우리의 브랜드'로 인식하게 됩니다. 브랜드의 내면(철학)에 고객의 목소리를 한 겹 쌓아 올림으로써, 세상에 없던 강력한 유대감이 형성되는 것입니다. 이는 단순히 마케팅적 기법을 넘어, 브랜드와 고객이 인간적인 관계를 맺는 결과를 낳게 되었습니다.

　마뗑킴은 모델의 화보보다 대표 본인이 직접

옷을 입고 생활하는 모습을 더 많이 노출했습니다. 거울 셀카, 길거리에서 찍은 사진 등 일상적인 모습 속에서 브랜드의 옷이 어떻게 녹아드는지를 보여준 것이죠. 고객들은 마뗑킴의 옷을 사는 것이 아니라, 김다인이라는 페르소나가 지향하는 라이프스타일과 감각을 사고 싶어 했습니다. 브랜드의 외면이 정형화된 이미지가 아니라, 살아 있는 사람의 온기로 전달될 때 그 파급력은 훨씬 커집니다. 수만 명의 팔로워가 열광했던 것은 화려한 로고가 아니라, 매일매일 꾸준하게 쌓아온 그녀만의 취향과 태도였습니다.

마뗑킴은 2025년 연 매출 2,000억 원을 목표하는 브랜드로 성장하게 되었습니다. 만약 그들이 처음부터 완벽한 결과물만 짠하고 내놓았다면 지금 같은 견고한 팬덤이 가능했을까요? 아마 쉽지 않았을 것입니다. 고객들은 마뗑킴이 바닥부터 한 층 한 층 레이어를 쌓아 올리는 과정을 함께했기에, 그 성취를 자신의 일처럼 기뻐하며 브랜드의 성장에 동참했습니다.

결과만 보여주는 방식은 느리고 불확실성이 큽니다. 완벽하게 완성된 것만 보여주겠다는 욕심을 조금 내려놓고, 조금 부족하고 미완성인 상태라도 진심이 담긴 과정을 공유해보세요. 그 과정 속에서 우리 브랜드를 사랑해줄 사람들을 만나게 될지도 모릅니다

신념을 지키며 쌓아라

미국에서 매장당 매출 1위를 기록하는 패스트푸드 브랜드는 맥도날드도, 버거킹도 아닙니다. 바로 치킨 샌드위치 브랜드 칙필레(Chick-fil-A)입니다. 이 브랜드는 단순히 치킨을 잘 만드는 회사를 넘어, 신념을 지키는 브랜드로 유명합니다.

창업주 트루엣 캐시는 독실한 크리스천이었습니다. 그는 '맛있는 음식을 이웃과 나누고 싶다.'는 소박한 마음으로 사업을 시작했지만, 한 가지 분명한 원칙을 세웠습니다.

'내가 버는 돈은 온전히 내 것이 아니라 하나님이 맡겨주신 것이다.'

이 신념은 곧 사업 운영 방식에도 깊게 스며들었습니다. 수익을 사회에 환원하고, 직원들이 신앙과 가족을 우선할 수 있도록 돕는 문화를 만들었습니다. 가장 대표적인 결정은 일요일 휴무입니다. 패스트푸드 업계에서 주말은 황금 시간대입니다. 일요일 하루만 열어도 수천억 원의 매출을 더 올릴 수 있다는 분석이 있을 정도입니다. 그럼에도 칙필레는 50년 넘게 일요일 문을 열지 않습니다. 또 하나의 논란은 동성애 이슈였습니다. 칙필레는 보수적인 입장을 고수하며 수많은 안티팬과 불매운동을 감수해야 했습니다. 이미지와 매출에 타격을 줄 수 있는 선택이었죠. 하지만 이 역시 칙필레가 가진 신념의 연장선이었습니다.

저는 누군가의 가치관에 대해 옳고 그름을 판단하고 싶지 않습니다. 제가 이 챕터에서 강조하고 싶은 것은 신념이 있으면 우리 브랜드가 하지 않을 일을 정하게 된다는 것입니다. 매출이 필요하다고 해서 무조건 다 하는 브랜드와 '우리는 이것만큼은 하지 않는다.'는 선을 분명히 그어놓은 브랜드는 완전히 다르게 기억됩니다.

강한 신념은 때로 적을 만들기도 합니다. 하지만 동시에 강력한 편을 만들기도 합니다. 모두에게 사랑받는 브랜드는 더 이상 존재하기 어렵습니다.

애매한 다수를 택하기보다 우리를 진심으로 사랑해줄 소수를 택하는 것이 더 현명한 전략일 수 있습니다.

당신의 브랜드에는 '절대 흔들지 않을 신념'이 있나요? 그 신념을 바탕으로 '절대 하지 않을 행동'은 무엇인가요? 이 질문에 대한 답이 분명하다면 우리는 조금 더 선명한 브랜드가 될 수 있습니다.

브랜드를 키우는 방법은 여러 가지입니다. 광고에 예산을 쏟아부어 빠르게 매출을 만들 수도 있고, 콘텐츠를 쌓으며 천천히 관계를 만들 수도 있습니다. 퍼포먼스 마케팅은 단기적으로 효과가 있어 보이지만, 브랜드로 인지되기에는 한계가 있습니다. 반대로 관계를 먼저 쌓는 방식은 시간이 걸리지만 브랜드의 '팬'을 만들어줍니다.

무신사를 떠올려봅시다. 2022년 기준 거래액 2조 3천억 원을 기록한 패션 플랫폼, 이제는 '무신사 냄새'라는 말이 나올 정도로 하나의 스타일을 만들어낸 브랜드입니다.

하지만 시작은 아주 작은 커뮤니티였습니다. 2001년, 고등학생이던 조만호 의장이 프리챌에 만든 '무진장 신발 사진 많은 곳' 무신사라는 이름의 커뮤니티에서 출발했죠. 길거리의 패피들을 찍어 올리고, 스니커즈 사진을 공유하면서 '패션 덕후'들이 모이는 공간이 되었습니다.

이때 돈이 되었을까요? 당연히 아닙니다. 그럼에도 그는 '좋아하는 일을 기록하는 것'에 집중했습니다. 그러다가 어느 순간 이런 생각이 듭니다.

'왜 브라운브레스, 얼반파크 같은 멋진 브랜드는 알려지지 못할까?'

그렇게 해서 2005년 무신사 매거진(웹진)이 시작됩니다. 아직도 돈이 되지 않는 영역입니다. 콘텐츠를 만들고, 사람들을 모으고, 그 안에서 브랜드를 소개하는 일은 오랜 시간 누적되어야만 의미가 생깁니다.

그리고 2009년에야 비로소 무신사 스토어가 오픈합니다. 본격적인 판매는 이때부터입니다. 처음부터 잘되었을까요? 그렇지 않았습니다. 패션 마니아들만 찾는 편집숍 느낌이 강했고, 대중적인 플랫폼이 되기까지는 시간이 많이 걸렸습니다.

그러나 그들에겐 관계 자산이 있었습니다. 오랫동안 커뮤니티와 매거진을 통해 쌓아온 패션 덕후들과의 두터운 관계 말입니다. 2018년 '다 여기서 사, 무신사', 2020년 유아인과 함께한 '다 무신사랑해' 캠페인은 이 관계 자산 위에서 폭발력을 발휘했습니다.

오늘의집도 비슷합니다. 처음부터 커머스로 시작하지 않았습니다. '온라인 집들이'라는 재미있는 문화를 만들며 인테리어 좋아하는 사람들이 모일 수 있는 커뮤니티를 먼저 만들었습니다. 그 안에서 사람과 사람의 관계, 사람과 공간의 관계를 쌓았고, 그 위에 커머스를 얹었습니다.

레퍼런스 브랜드를 공부할 때, 지금의 화려한 모습만 보지 말고 '어디서부터 시작했는가?'를 보는 것이 중요합니다. 일부 브랜드는 처음부터 팔지 않았습니다. 먼저 관계를 쌓고, 그다음에 판매를 시작했습니다.

우리도 같은 질문을 던져야 합니다.

"우리는 무엇을 팔기 전에, 고객과 어떤 관계를 쌓을 것인가?"

YETI가 만드는 쿨러는 완전히 전문가를 타겟으로 만들어졌습니다. 이들은 1년에 한두 번 캠핑을 가는 일반인이 아니라, 인생의 절반 이상을 야생에서 보내는 '전문 가이드', '상업적 어부', '전문 사냥꾼'을 첫 번째 고객으로 설정했죠.

이 브랜드를 창업한 로이 세이더스와 라이언 세이더스 형제는 텍사스 드리프트우드의 자연 속에서 자라며 낚시와 사냥에 인생을 바친 숙련된 아웃도어 전문가들이었습니다. 이들은 2000년대 초반 당시 월마트나 타겟에서 흔히 팔리던 30달러 미만의 저가형 쿨러들이 텍사스의 뜨거운 열기를

견디지 못하고 얼음이 금세 녹아버리거나, 보트
위에서 발판으로 사용할 때 뚜껑이 휘어지고 손잡이가
부러지는 현상에 극심한 스트레스를 느꼈었죠.

그래서 '더 나은' 쿨러가 아니라 '전문가들이 매일
사용해도 절대로 부서지지 않는 완벽한 쿨러'를
만들기로 결심한 것이죠. 이들의 요구를 만족시켰다는
것은 곧 시장의 표준을 재정의 하는 일과 같은 효과를
내게 되었고요.

그리고 이 정체성을 각인시킨 하나의 사건이
있었는데요. 바로 미국 야생곰 위원회(IGBC)의 곰 방지
테스트를 통과한 것입니다. 이는 단순히 튼튼하다는
수식어를 넘어, 굶주린 회색곰이 60분 동안 물어뜯고
던져도 내용물을 지켜냈다는 '실화'의 경험이 쌓이게
되었습니다.

실제 테스트 현장에서 곰은 땅콩버터와 정어리
냄새가 진동하는 YETI 쿨러를 열기 위해 온갖 수단을
동원하는데요. 곰이 쿨러의 래치를 뜯어내더라도
내부로 진입하지 못하면 인증을 획득하는데,
YETI는 이 과정을 영상으로 기록하여 고객들에게
공유했습니다. 이 영상은 고객의 뇌리에 '내 쿨러는
곰과 싸워 이겼다.'는 강력한 맥락을 형성하는 결과를
얻게 되는 것이죠.

동일한 맥락의 경험이 쌓이게 되면 고객은 선택의

순간에 그 브랜드를 떠올리게 된다고 말했었는데요. 곰을 만날 일이 거의 없는 도시인조차 YETI가 곰 방지 인증을 받았다는 그 사건을 통해 튼튼하고 안전하다는 인식이 만들어지고, 구매의 순간에 YETI를 떠올리게 되는 것이죠.

이들은 연예인이 아니라 짐 쇼키 같은 전문 사냥꾼, 플립 팔롯 같은 전설적인 낚시꾼을 찾아갔습니다. 이들은 YETI의 제품을 현장에서 직접 사용하며 그 성능을 증명했고, YETI는 이들의 삶을 다큐멘터리 형식으로 담아내어 "야생을 위해 만들어졌다(Built for the Wild)."라는 메시지를 반복적으로 전달했죠. 고객은 YETI 텀블러를 들고 다니며 스스로가 그 거친 전문가들의 커뮤니티(Tribe)의 일원이라는 소속감을 느끼게 되었습니다.

이들이 대중을 위한 제품을 만들었다면 어떤 결과를 얻을 수 있었을까요? 대중이 아니라 특정 카테고리의 극단에 존재하는 사람을 찾아보세요. 그들은 대중보다 더 높은 기준을 갖고 있을 거예요. 더 까다로울 것이고요. 하지만 그들을 만족시킬 수 있는 브랜드를 만든다면, 대중들은 그들이 선택한 브랜드라는 아우라를 보고 따라오게 됩니다.

스노우피크는 스스로를 단순히 캠핑 장비를 파는 회사가 아닌 '인간성의 회복을 돕는 가치 제안자'로 정의합니다. 이렇게 자신들을 정의하게 된 데는 분명한 이유가 있죠.

스노우피크는 1958년 일본 니가타현 산조시에서 시작되었습니다. 창업자 야마이 유키오는 철물 도매업을 운영하던 평범한 상인이었지만, 동시에 험준하기로 유명한 타니가와다케를 사랑하는 열혈 등산가이기도 했습니다. 당시 일본에서 구할 수 있던 등산 장비들은 대부분 유럽산으로 일본인의 체형에 맞지 않거나 내구성이 현저히 떨어졌기에,

그는 자신이 직접 사용하고도 만족할 수 있는 장비를 만들기 시작했습니다.

1980년대, 창업자의 아들 야마이 토오루가 브랜드에 합류하면서 스노우피크는 중대한 전환기를 맞습니다. 토오루는 대학 졸업 후 도쿄 금융권에서 근무하며 현대 도시 생활의 극심한 피로도와 고립감을 직접 체험했습니다. 매일 만원 지하철을 타고 출근하며, 무표정한 사람들 속에서 개인이 소모되는 모습을 보며 그는 '인간이 인간답게 살기 위해서는 자연과의 연결이 필수적이다.'라는 강렬한 자각을 얻게 되었죠. 이 과정을 통해 스노우피크는 자신들을 '인간성의 회복을 돕는 가치 제안자'라고 정의하게 됩니다.

90년대 일본의 오토캠핑 붐이 사그라들며 스노우피크는 6년 연속 매출 하락이라는 절체절명의 위기를 맞았습니다. 내부에서는 브랜드 방향성에 대한 회의론이 일었고, 경영진은 해결책을 찾기 위해 고군분투했습니다. 이때 한 직원의 제안으로, 고객과 함께 캠핑을 하며 그들의 목소리를 직접 듣는 행사 '스노우피크 웨이(Snow Peak Way)'가 만들어졌습니다.

여기에 더해 "한 번 구입하면 평생 쓸 수 있어야 한다."는 유키오의 정신을 이어받아, 업계에서는 이례적으로 '영구 보증 제도(Lifetime Guarantee)'를 운영했습니다. 이는 고객이 제품을 사용하는 긴 시간 동안 브랜드가 항상 곁에 있겠다는 '신뢰의 레이어'를 쌓는 행위였죠.

스노우피크가 60년 넘게 강력한 존재감을 유지할 수 있었던 비결은 무엇이었을까요? 이들은 언제나 변하지 않는 것이 무엇인지 먼저 찾고, 거기서 해답을 찾아온 브랜드로 보입니다. 인간성의 회복, 자연과의 연결, 장인 정신이라는 시대가 지나도 변치 않을 가치에 집중했고, 그럼에도 제품 카테고리와 디자인 스타일은 시대에 맞게 끊임없이 업데이트해 왔습니다.

너무나 빠르게 변하는 시대에, 그 속도를 따라가려 애쓰기보다 그럼에도 불구하고 변하지 않는 것은 무엇인지 한번 진지하게 생각해보는 건 어떨까요? 그 질문에 대한 답이, 당신 브랜드의 레이어를 쌓는 출발점이 될지 모릅니다.

우리 지역에서만 가능한 경험을 쌓아라

제주도라는 지역은 한국안에서도 정말 특별하고 신비한 공간이죠. '해녀의 부엌'은 제주도에 위치한 공연이자 식당인데요. 이름처럼 해녀분들이 직접 캐온 해산물을 활용한 음식들을 선보입니다.

종달점과 북촌점이 있는데, 이 두 개의 지점은 구성이 다릅니다. 종달점은 해녀분들의 공연과 함께 뷔페식으로 신선한 제주 음식을 맛볼 수 있는 반면에, 북촌점은 360도 둘러 쌓인 미디어 아트 월(Media art wall) 안에서 공연을 즐길 수 있고 제주 음식을 코스로 맛볼 수 있습니다.

서로 다른 구성임에도 이 브랜드가 하고자 하는

이야기는 같습니다. 해녀 문화를 보존하고 그들을 무대 위에 세우겠다는 것이었죠.

이 브랜드의 창업주인 김하원 대표는 제주 해녀 집안의 증손녀로 태어났습니다. 할머니를 비롯한 예전 세대의 해녀분들이 어렵게 물질을 하는 것을 보고 자란 세대이죠. 당시 제주 해녀들이 채취하는 해산물 중 가장 큰 비중을 차지하는 뿔소라는 전체 물량이 약 80%가 일본 수출에 의존하고 있었습니다.

이로 인해 일본 시장 상황에 따라 가격이 폭락하거나 판로가 막히는 구조적인 취약성을 안고 있었죠. 더군다나 뿔소의 가격은 20년 전과 다름없는 1Kg당 2,700원 수준에 머물러 있었어요. 이는 양식 전복 가격의 10분의 1도 못 미치는 수준이었으며, 해녀들은 목숨을 걸고 물질을 하지만 그 가치를 제대로 인정받지 못하고 있었죠.

그래서 이 김하원 대표는 해녀의 이야기를 전하고 그 소중함을 널리 알리고 싶었습니다. 그녀는 한국예술종합학교 연극원에서 연기를 전공한 이력을 살려 새로운 아이디어를 냈습니다.

가장 먼저 자신의 고향인 종달리의 낡은 화선어 위판장에 주목했습니다. 20년 넘게 방치되어 창고로 쓰이던 차가운 시멘트 건물은 그녀의 연극적 상상력을 더해 '극장식 레스토랑'으로 만들었죠. 2호점인 북촌점은 해녀들이 물질 후 몸을 녹이던 '불턱'을 형상화여 원형의 구조로 디자인했습니다. 고객들이 앉는 의자는 실제 해녀들의 잠수복을 업사이클링해서 제작하기도 했죠. 80살이 넘은 해녀가 직접 해주는 바다이야기를 듣고 나면, 내 밥상에 올라온 그 해산물이 얼마나 소중하고 감사한지 새삼 느끼게 됩니다.

이 브랜드는 제주도라는 지역의 이야기를 잘 활용해서 브랜드를 전개하고 있습니다. 해녀의 손녀로서의 경험과 한국예술종합학교 연극원에서 배웠던 것을 융합해서 새로운 장르를 만들어냈습니다.

무엇보다 '해녀의 부엌'이 좋은 것은 제주도를 가야만 그 진짜를 맛보고 경험할 수 있다는 것입니다. 이제는 로컬이 글로벌해지는 시대입니다. 로컬에서는 오히려 그곳에서만 경험할 수 있는 것이 무엇인지를 찾아야 합니다.

그러면 해외에서도 찾아올 수 있는 브랜드가 될 겁니다. 로컬에 있으면서 서울에서 유행하는 것을 따라하는 접근보다는, 우리 브랜드에게만 있는 것이 무엇인지 찾고 그 고유성에서부터 시작하는 것이 좋습니다.

고객의 삶에 의미 있는 브랜드가 되어라

2016년 3월, 워싱턴주 벤쿠버의 '더치브로스' 드라이브스루 매장에서 발생한 일화는 더치브로스가 고객과 어떤 관계를 쌓아왔는지를 전 세계에 알린 결정적인 사건이었습니다.

한 여성이 주문을 하던 중 눈물을 흘리며 감정적으로 무너지는 모습을 보였죠. 그녀는 전날 밤 37세라는 젊은 나이의 남편을 잃은 사람이었어요. 이때 창구에 있던 바리스타 에반 프리먼(Evan Freeman)과 피어스 던(Pierce Dunn)은 망설임 없이 행동했습니다. 그들은 커피를 무료로 제공한 것에 그치지 않고, 차창 밖으로 몸을 뻗어 여성의 손을 맞잡았고 다른 동료들과 함께 그녀를 위해 수 분 동안 기도를 올렸습니다.

이 장면은 뒷차에서 대기하던 다른 고객인 바바라 대너의 카메라에 담겼고, 그녀가 페이스북에 올린 사진 한 장은 수십만 명의 심금을 울리며 바이럴이 되었죠.

이 사건이 단순히 '운 좋게 찍힌 미담'이 아니었습니다. 수많은 고객이 이 게시물에 "나도 비슷한 경험이 있다", "더치브로스는 내가 힘들 때 위로가 되어준 유일한 장소다"라며 자신의 경험을 보탰죠. 이 사진은 페이스북에서 75,000회 이상 공유되었고, 9,000개 이상의 댓글이 달렸습니다.

더치브로스가 중요하게 생각하는 가치를 뿌리에 두고 꾸준하게 경험을 레이어링 해왔기에 고객들은 브랜드와의 '긍정적 기억'을 갖고 있게 되었죠. 이 사건은 단지 트리거의 역할을 했을 뿐입니다. 이것이 바로 제가 말하는 레이어링의 힘입니다. 일관된 경험이 쌓여 있지 않았다면, 이 사건은 그저 운 좋은 우연으로 끝났을 거에요.

그 당시 바리스타였던 에반 프리먼은 "그것은 우리에게 일상적인 업무와 다름없었다."고 말했는데요.

"Love All, Serve All"이라는 철학이 매뉴얼이 아닌 본능으로 직원들에게 내재되어 있다는 것을 알 수 있었죠.

더치브로스의 채용 기준은 독특합니다. 그들은 커피를 추출하는 기술보다 '타인과 연결되는 능력'을 보는 것으로 알려져 있죠. 이들은 '커피 만드는 법은 가르칠 수 있지만, 긍정적인 에너지와 타인에 대한 친절함은 가르칠 수 없다.'는 신조를 갖고 있어요.

더치브로스가 '스타벅스를 이기는 성장을 거듭하는 비결'은 결국 사람에게 있습니다. 그들은 바리스타를 '브로이스타(Broista)'라고 부르며, 이들이 브랜드의 내면을 고객에게 전달하는 가장 핵심적인 매개체라고 믿습니다. 브로이스타들은 유니폼을 입지 않습니다. 문신을 하거나 머리 색이 화려해도 상관없죠. 브랜드는 직원들에게 '진실된 당신 자신이 되어라.'고 요구하는데요. 이는 직원이 자기 자신으로 존재할 때, 고객과도 더 진실한 관계를 맺을 수 있다고 생각하기 때문입니다.

브랜드가 이렇게 성장하게 된 이유는 어디에서 온 것일까요?

더치브로스는 1992년 오리건주 그랜츠패스에서 네덜란드계 형제인 데인 보어스마와 트래비스 보어스마에 의해 시작되었습니다. 이들의 시작은 거창한 브랜드 전략실이 아니라, 가족이 운영하던 낙농업의 위기에서 출발했는데요. 가업이던 젖소 사육이 산업 구조 변화로 인해 한계에 부딪히자, 형제는 젖소들을 팔고 단 12,000달러의 투자금으로 100파운드의 원두와 에스프레소 머신 한 대를 실은 푸시카트를 마련했죠.

이들이 처음 커피를 팔기 시작했을 때, 그들이 집중한 것은 단순히 '맛있는 커피'만이 아니었습니다. 형제는 철도역 근처에서 음악을 크게 틀어놓고, 지나가는 사람들에게 무료 샘플을 나눠주며 끊임없이 대화를 시도했었습니다. 새벽 2시에 일어나 소젖을 짜던 고된 노동보다, 사람들과 웃고 떠들며 커피를 만드는 과정 자체가 그들에게는 즐거움이었고, 이 '즐거움'과 '관계'라는 씨앗이 훗날 더치브로스의 가장 중요한 핵심 가치가 된 것이죠.

더치브로스는 '우리는 커피를 파는 회사가 아니라, 관계를 맺는 비즈니스를 한다.'라는 명확한 정체성을 수립했습니다.

이는 단순히 마케팅적 표현이라기보다는, 창업 초기부터 형제가 몸소 실천해온 삶의 태도가 브랜드의 내면으로 고스란히 레이어링된 결과라고 볼 수 있죠.

인공지능과 자동화가 넘쳐나는 시대일수록, 역설적으로 '인간의 온기'는 더 희소한 자원이 됩니다. 로고를 예쁘게 만들고, 인스타그램 감성의 인테리어를

하는 것보다 훨씬 중요한 것은, 고객이 당신의
브랜드를 경험한 후 '이 브랜드는 나를 이해하고
있다.'는 기억을 갖게 하는 것입니다.

　단순한 판매자가 아니라, 고객의 삶에 의미 있는
레이어를 쌓는 동반자가 되어야 합니다. 진심 어린
대화 한 마디, 고객의 이름을 기억하는 작은 배려,
그리고 때로는 고객의 손을 잡아주는 용기. 이러한
아주 작은 인간적 연결의 레이어들이 하나씩 쌓일
때, 당신의 브랜드는 비로소 누구도 흉내 낼 수 없는
독보적인 존재로 기억될 거예요.

온라인은 판매,
오프라인은 경험 쌓기

코로나19는 기업과 고객 모두에게 큰 변화를 가져왔습니다. 그 이전에도 온라인 쇼핑은 존재했지만, 여전히 많은 사람은 "그래도 직접 보고 사야지."라며 오프라인 매장을 찾았습니다. 그러나 팬데믹은 오프라인 경험을 강제로 중단시켰습니다.

그 과정에서 사람들은 온라인으로 구매하는 법을 학습했습니다. 생각보다 어렵지 않고, 편리하고, 배송된 제품이 크게 다르지 않다는 것을 알게 되었습니다. 동시에 기업들도 온라인에서 상품과 서비스를 더 잘 보여주는 방법을 빠르게 고도화했습니다.

이제 많은 업종에서 온라인 구매가 오프라인 구매를 앞지르고 있습니다. 한 번 편리함을 경험한 사람들은 쉽게 예전으로 돌아가지 않습니다. 하지만 역설적으로 사람들은 깨달았습니다.

"아, 사람을 직접 만나는 게 이렇게 소중했구나."

"직접 만지고, 입어보고, 경험하는 게 이렇게 중요했구나."

코로나가 어느 정도 진정된 이후, 오프라인 공간은 다시 사람들로 채워졌습니다. 2022~2023년은 '팝업스토어의 시대'라고 할 만큼 팝업이 쏟아졌습니다. 흥미로운 점은 오프라인에서 '구매'를 하지 못하게 만든 공간도 많았다는 것입니다.

"여기서는 그냥 경험만 해보세요. 구매는 온라인으로 하셔도 됩니다."

이 구조가 오히려 고객에게 더 편리합니다.

이제 흐름은 이렇게 정리할 수 있습니다.

전 세계적으로 디지털 전환이 가속화되었음에도 불구하고, 물리적 매장은 여전히 전체 리테일에서 중추적인 역할을 담당하고 있습니다. 온라인 쇼핑이 제공하는 편리함이 결코 오프라인이 주는 인간적인 상호작용과, 제품을 바로 얻을 수 있다는 만족감을 완전히 대체할 수는 없는 것이죠.

그리고 이런 오프라인의 귀환을 주도하는 주역은 역설적이게도 '디지털 네이티브'인 Z세대입니다. 이들은 오프라인 매장을 단순한 구매 장소가 아닌, 친구들과 교류하고 브랜드의 정체성을 체험하는 여가 공간으로 인식합니다.

성수동에는 평일 낮에도 정말 많은 외국인들이 거리를 활보합니다. 이렇게 유동 인구가 많아진 이곳에서 매장의 벽은 하나의 광고판이자 미디어 역할을 하게 되었고, 오래된 매체로 인식되던 '옥외광고'가 다시 활성화되었습니다.

온라인 공간에서 사람들이 활용할 수 있는 감각은 시각과 청각뿐이지만, 오프라인 공간에서는 오감을 모두 활용해 경험할 수 있습니다. 강렬한 비주얼로 시각을 자극하는 것뿐 아니라 어떤 음악이 흐르는지, 어떤 향이 풍기는지, 제품을 직접 만졌을 때 어떤 질감이 느껴지는지, 실제로 맛을 봤을 때 어떠한지까지 모두 경험할 수 있죠.

‘비범함’이라는 하나의 맥락을 이어가는 ‘젠틀몬스터’를 만드는 아이아이컴바인드는 2025년 성수동에 ‘하우스 노웨어 서울’이라는 공간을 오픈했습니다. 이곳 1층에 방문하면 사람의 10배 크기에 달하는 닥스훈트 로봇을 만날 수 있는데요, 실제로 숨을 쉬듯 가슴이 오르내리고, 귀를 팔락거리기도 합니다. 왜 이렇게 큰 강아지 로봇을 만들었나 했더니, ‘탬버린즈’라는 향수 브랜드에서 강아지 발에서 나는 ‘꼬순내’를 모티브로 향을 만들었더라고요.

3층 ‘젠틀몬스터’ 매장에서도 미래적인 우주선이 공간 가운데를 점령한 채 위아래로 오르락내리락합니다. 그 묘하고 고급스러운 분위기를 직접 경험하고 나면, 이 브랜드를 기억에서 지우기란 쉽지 않습니다.

그렇다면 온라인에서는 단순히 편리함만 추구해야 할까요? 물론 일단 구매가 편리해야 하는 것은 당연하지만, 온라인에서도 브랜드가 주고자 하는 메시지를 전달하는 방법은 분명 존재합니다.

리바이포유(Rbfy)는 인플루언서 비글부부(하준맘, 하준파파)가 론칭한 브랜드로, ‘당신은 삶이다(You are life)’라는 슬로건 아래 고객 존재 자체의 소중함을 강조합니다. 제품의 효능을 나열하는 대신, 고객의 삶에 감사와 행복이 넘치기를 바라는 진심 어린 메시지를 전하죠.

이 브랜드는 2023년 성수동 코사이어티에서 '365 Thanks Day'라는 감사 팝업스토어를 열었는데, 뷰티 브랜드임에도 불구하고 제품 전시보다 '감사'라는 가치를 체험하게 하는 데 집중했습니다. "우리 제품을 사주셔서 감사합니다."가 아니라, '감사'라는 행위 자체가 얼마나 중요한지에 대한 메시지를 전한 점이 인상적이었죠. 감사 메시지를 작성하면 스크린에 바로 띄워주고, 감사 일기를 감상할 수 있는 공간을 마련했으며, 직접 엽서에 감사를 적어 우편으로 보내는 경험까지 설계했습니다. 그리고 감사 팝업의 마지막, 정말 작은 공간에서야 비로소 제품을 소개하는 방식이었죠.

이 오프라인 팝업 경험을 온라인으로 옮기면서, 웹사이트에서도 동일하게 감사 메시지를 남기면 그것이 바로 사이트에 노출되도록 했고, 인상적인 메시지에는 '좋아요'를 누를 수 있는 인터랙션까지 구축했습니다. 또한 '손, 편지 캠페인'을 통해 소방관, 환경미화원 등 우리 주변의 고마운 이들에게 메시지를 전하는 디지털 캠페인을 전개했는데, 온라인으로 모인 약 1,900통의 진심 어린 사연을 실제 손편지 형태로 전달하기도 했습니다. 이 캠페인은 2024

서울영상광고제 동상과 대한민국 커뮤니케이션대상 최우수상을 수상했습니다.

결국 중요한 것은, 이제 고객들은 온라인과 오프라인을 구분하지 않는다는 사실입니다. 온라인과 오프라인은 서로 역할이 다른, 하나의 통합된 브랜드 경험일 뿐입니다.

오프라인 매장은 이제 단순히 제품을 건네주는 곳이 아니라, 브랜드의 가치관을 오감으로 증명하는 성소가 되어야 합니다. 그 공간에서 형성된 단단한 신뢰와 애착은, 온라인이라는 차가운 비트의 공간에서도 온기를 잃지 않고 지속적인 구매와 지지로 이어질 것입니다.

브랜드를 시작하고자 하는 모든 이들에게 이 리포트가 전하는 메시지는 명확합니다. 온라인에는 '편리함'이라는 레이어를, 오프라인에는 '경험과 감동'이라는 레이어를 쌓아야 합니다. 그리고 그 겹쳐진 부분이 선명해질 때까지 꾸준히 일관된 맥락을 유지해야 합니다. 그것이 바로 시간이 흘러도 무너지지 않는, 위대한 브랜드를 만드는 유일한 길입니다.

당신만의 레이어는 무엇인가요?

"호랑이는 죽어서 가죽을 남기고, 사람은 죽어서
이름을 남긴다."

이런 속담이 있습니다. 그런데 브랜딩의 시대에는
이렇게 바꿔볼 수도 있을 것 같습니다.

"호랑이는 죽어서 가죽을 남기고, 사람은 죽어서
브랜드를 남긴다."

이제 세상은 모든 것이 브랜드입니다. 나라는
존재 역시 하나의 브랜드가 될 수 있습니다. 물론
인생 전체가 브랜드가 되어야 할 필요는 없습니다.
브랜드가 된다는 것은 결국 어떤 '상업적 맥락' 속에서
활용될 때 의미가 있기 때문입니다.

저 역시 '브만남(브랜드를 만드는 남자)'이라는 퍼스널 브랜드를 만들고, '브랜딩 콘텐츠를 전하는 사람'으로 기억되기 위해 여러 레이어를 쌓아왔습니다.

그 출발점은 제 내면을 분석하고, 제가 잘할 수 있는 것과 좋아하는 것을 정리하는 일이었습니다. 그 위에 이름과 컨셉을 정하고, 컬러와 로고를 디자인했습니다. 그리고 온라인과 오프라인에서 강연, 컨설팅, 콘텐츠를 통해 꾸준히 행동했습니다.

이 책 또한 저에게는 하나의 레이어이자, 제 브랜드를 완성해가는 과정의 일부입니다. 지금 저 역시도 제 브랜드를 스스로 런칭하고 쌓아가는 여정을 겪고 있습니다. 그래서 이 책에서 다룬 내용들을 실제로 하나씩 실험하고, 그 결과를 체감하며 배우고 있습니다.

경험이 더 쌓이고 나면, 다음 책에서는 '어떻게 쌓아갔는지'의 과정과 '그 이후 어떤 결과가 나왔는지'를 보다 구체적으로 나눠보고자 합니다.

이제 공은 당신에게 넘어갔습니다.

당신만의 브랜드를 위해 오늘 어떤 레이어를 하나 쌓아보시겠습니까?

당신이 쌓아올릴 그 한 겹이, 언젠가 당신만의 진짜 브랜드가 될 것입니다.

　디자인을 하면서 이렇게 책을 쓸 수 있는 기회가
생길 거라 생각하지 못했습니다. 출간 제의를 받았을
때 내가 책을 써도 되는 사람인지 많이 돌아봤었고요.
하지만 출간 계약을 하기로 마음먹은 것은 저도
저만의 레이어를 쌓아가기 위해서였습니다.
　'브만남'은 브랜드를 만들고자 하는 사람들이
자신만의 방향을 잡을 수 있게 도와주는 것을 핵심
가치로 생각하고 있는데요. 그 가치를 유지하면서
다양한 경험을 레이어링 하는 와중에 책이라는
매개체를 통해 새로운 관계가 생길 것에 대한 기대도
있습니다. 그렇기 때문에 아직 부족한 부분이
있더라도 지금의 이 '레이어'를 한 겹 쌓으려고
합니다. 이 책에 남겨진 이야기들은 지금이 아니면 할
수 없을 테니까요.
　《레이어링》은 저의 이름으로 출간되겠지만, 이 책을
쓰기 위한 긴 여정은 혼자 쌓아온 것이 아니었습니다.
한 가정의 가장이자 남편으로 나를 온전히 이해해주고
믿어주는 아내 에스더와 아들 호세에게 가장 큰
감사를 전하고 싶습니다. 그리고 이 책에 담긴, 많은
이야기들이 펼쳐진 레이어의 공동 창업자 광원이와
팀원들에게도 고마운 마음을 전하고 싶고요.
마지막으로 이 모든 일을 가능하게 하신 하나님께
감사드립니다.

레이어링

초판 1쇄 인쇄 2026년 2월 24일
초판 1쇄 발행 2026년 3월 11일

지은이 김주황
펴낸이 최순영

출판1본부장 한수미
라이프 팀장 곽지희
편집 김소정
디자인 정명희

펴낸곳 ㈜위즈덤하우스　**출판등록** 2000년 5월 23일 제13-1071호
주소 서울특별시 마포구 양화로 19 합정오피스빌딩 17층
전화 02) 2179-5600　**홈페이지** www.wisdomhouse.co.kr

ⓒ 김주황, 2026

ISBN 979-11-7591-047-8 03320